《中国脱贫攻坚的宁夏样本》编写组

策　划　王湘宏　　刘学智　　王永强　　马士林

主　编　何志明　　武　勇　　刘宝林

成　员（按姓氏音序排列）

丁洁杨　　景兆玺　　李威威　　马广成

麦意琳　　孟砚岷　　强世国　　邵建华

孙　涛　　孙忠莲　　王学红　　肖招峰

谢　红　　薛　峰　　闫　冬　　杨　柳

张浩然　　张吉东

资料来源　新华通讯社

宁夏回族自治区扶贫开发办公室

中国脱贫攻坚的
宁夏样本

《中国脱贫攻坚的宁夏样本》编写组　编

黄河出版传媒集团
宁夏人民出版社

图书在版编目（CIP）数据

中国脱贫攻坚的宁夏样本 /《中国脱贫攻坚的宁夏样本》编写组编. -- 银川：宁夏人民出版社，2020.10
ISBN 978-7-227-07279-9

Ⅰ. ①中… Ⅱ. ①中… Ⅲ. ①扶贫－研究－宁夏 Ⅳ. ①F127.43

中国版本图书馆 CIP 数据核字（2020）第 195545 号

中国脱贫攻坚的宁夏样本　《中国脱贫攻坚的宁夏样本》编写组　编

责任编辑　陈　晶
责任校对　杨敏媛
封面设计　赵　瑾
责任印制　马　丽

黄河出版传媒集团
宁夏人民出版社　出版发行

出 版 人　薛文斌
地　　址　宁夏银川市北京东路 139 号出版大厦（750001）
网　　址　http://www.yrpubm.com
网上书店　http://www.hh-book.com
电子信箱　nxrmcbs@126.com
邮购电话　0951-5052104　5052106
经　　销　全国新华书店
印刷装订　宁夏凤鸣彩印广告有限公司
印刷委托书号　（宁）0018693

开本　880 mm × 1230 mm　1/16
印张　15.75
字数　180 千字
版次　2020 年 10 月第 1 版
印次　2020 年 10 月第 1 次印刷
书号　ISBN 978-7-227-07279-9
定价　68.00 元

序

党的十八大以来，习近平总书记站在战略和全局的高度，作出一系列关于扶贫工作的重要论述，为欠发达地区与全国同步建成全面小康社会提供了行动指南。

宁夏是我国有组织、有计划、开发式扶贫的起始地，按照党中央决策部署来推动扶贫开发工作，大力实施脱贫富民战略，特别是着力在精准、稳定、可持续上下功夫，取得了历史性成就：

——37年大规模的扶贫开发，历经“三西”农业建设、“双百”扶贫攻坚计划、千村扶贫整村推进、百万贫困人口扶贫攻坚、精准扶贫精准脱贫五个阶段，全过程经历和见证了我国反贫困事业的光辉实践。

——24年的闽宁对口扶贫协作，福建对宁夏开展了一场跨越24年的倾情帮扶，成为全国东西部扶贫协作的光辉典范。

——6次大规模移民搬迁，累计移民123万人，这些贫困群众走出了大山，解决了温饱，逐步脱贫，发家致富。

——93.7万人累计脱贫，贫困发生率由2014年的19.96%下降到2019年底的0.47%，1100个贫困村全部脱贫出列，贫困地区农民人均年收入由5550元增至10415元，脱贫力度之大、成效之好前所未有、史无前例。

2020年全面建成小康社会，是中国共产党向人民、向历史作出的庄严承诺；确保与全国同步建成全面小康社会，是习近平总书记对宁夏提出的明确要求，是宁夏各族人民群众的共同意愿。宁夏虽然是欠发达省区，但我们在全面小康路上决不能掉队，必须切实增强责任感和使命感，保持必胜的信心、昂扬的斗志，在创新中加速、在转型中追赶、在实干中突破，确保如期全面建成小康社会。

在全面建成小康社会目标实现之年，我们组织相关单位共同策划，编撰了《中国脱贫攻坚的宁夏样本》，以实践与案例的形式，旨在讲述好扶贫开发"宁夏故事"，宣传好摆脱贫困"宁夏成就"，传播好决战决胜"宁夏声音"，总结好脱贫攻坚"宁夏篇章"。

"社会主义是干出来的。"这是习近平总书记2016年7月视察宁夏时发出的伟大号召；这是对数十年奋力摆脱贫困的宁夏人民的鼓励和鞭策。

面对全面建成小康社会的宏伟目标，宁夏坚定信心，昼夜兼程，在新的长征路上续写新的辉煌。

编者

2020年10月

二维码扫一扫
观看视频

《拥抱小康》

第一集　情满塞上

第二集　闽宁携手

第三集　迁出新生

第四集　越走越稳

二维码扫一扫
观看视频

《拥抱小康》

第五集　志智双扶

第六集　美美与共

第七集　点亮小康

第八集　不负人民

目录

党的十八大以来，习近平总书记站在战略和全局的高度，对扶贫、脱贫工作作出一系列重要论述，为欠发达地区与全国同步全面建成小康社会提供了行动指南。习近平总书记视察宁夏时发出了“社会主义是干出来的”伟大号召，这是对数十年奋力摆脱贫困的宁夏人民的鼓励和鞭策。全区人民坚决响应习近平总书记的伟大号召，牢记嘱托、实干兴宁，全力攻克深度贫困难题，在人类发展史册上书写了令世人瞩目的壮丽篇章。

习近平总书记亲自设计、亲自推动、亲自组织实施的“闽宁模式”是全国东西部扶贫协作的典范，宁夏是受益者，也是践行者。全区人民始终沿着习近平总书记亲自设计的蓝图，不断巩固发展闽宁对口扶贫协作成效，为打赢精准脱贫攻坚战注入强大动力。“闽宁模式”也为东西部扶贫协作积累了宝贵经验，展现了只有中国共产党才能领导开展这样大规模、长时间的扶贫协作和对口支援，彰显了中国特色社会主义的政治优势和制度优势。

易地扶贫搬迁是一项民生工程、富民工程，更是一项社会工程，其目的是通过“挪穷窝”“换穷业”“拔穷根”，进而实现脱贫目标。易地扶贫搬迁是脱贫攻坚战的一块“硬骨头”，宁夏始终将易地扶贫搬迁作为一项重要的反贫困战略来抓，在时间紧、任务重、难点多、范围广、责任大的情况下，如何高质量完成易地扶贫搬迁的各项任务尤为重要，宁夏给出了答案。

打赢脱贫攻坚战贵在精准、重在精准，成败之举在精准。宁夏时刻铭记习近平总书记扶贫对象精准、项目安排精准、资金使用精准、措施到户精准、因村派人精准、脱贫成效精准“六个精准”的要求，对症下药、精准滴灌，真扶贫、扶真贫，坚定不移把精准扶贫方略这一新时代党的重大理论创新，贯穿脱贫攻坚始终，不断巩固提升脱贫成效，实现稳定可持续脱贫。

产业扶贫的效果具有持续性、稳定性，是精准脱贫的重要手

第一章

担当作为：牢记嘱托践初心

党的十八大以来，习近平总书记站在战略和全局的高度，对扶贫、脱贫工作作出一系列重要论述，为欠发达地区与全国同步全面建成小康社会提供了行动指南。习近平总书记视察宁夏时发出了“社会主义是干出来的”伟大号召，这是对数十年奋力摆脱贫困的宁夏人民的鼓励和鞭策。全区人民坚决响应习近平总书记的伟大号召，牢记嘱托、实干兴宁，全力攻克深度贫困难题，在人类发展史册上书写了令世人瞩目的壮丽篇章。

1 牢记谆谆嘱托，凝聚脱贫攻坚磅礴力量

宁夏是祖国西部欠发达民族地区，发展不足仍是最大的区情，全区22个县（市、区）中有9个是贫困县（区），全部集中在西海固地区和中部干旱带。脱贫攻坚战打响以来，宁夏回族自治区党委、政府深入贯彻习近平总书记关于扶贫工作重要论述，全面落实习近平总书记视察宁夏重要讲话和指示精神，坚持精准扶贫、精准脱贫方略，凝心聚力、尽锐出战，脱贫攻坚取得良好成效。截至2019年底，宁夏贫困人口由2014年建档立卡时的80.3万人减少到1.88万人，贫困发生率由19.96%下降到了0.47%；1100个贫困村全部脱贫出列；9个贫困县（区）已有8个摘帽；贫困地区农民人均年收入由5550元增加到了10415元，年均增长11%，高于全区农民人均年收入增幅2个百分点。

党的十八大以来，习近平总书记站在战略和全局的高度，对扶贫、脱贫工作作出一系列重要论述，为欠发达地区与全国同步全面建成小康社会提供了行动指南。2016年7月，习近平总书记视察宁夏时，明确了“努力实现经济繁荣、民族团结、环境优美、人民富裕，确保与全国同步全面建成小康社会”的目标要求；2018年9月，宁夏回族自治区成立60周年大庆，习近平总书记又专门题写了“建设美丽新宁夏，共圆伟大中国梦”贺匾；2020年6月，习近平总书记再次来宁视察，明确指出“继续建设经济繁荣、民族团结、环境优美、人民富裕的美丽新宁夏”，并部署了六项重点任务，充分体现了习近平总书记对宁夏的关心厚爱和希望要求。我们一定深

入学习贯彻习近平总书记关于扶贫工作重要论述，以及习近平总书记视察宁夏重要讲话和题词精神，牢记嘱托，继续前行，一鼓作气，尽锐出战，坚决打赢脱贫攻坚战，确保如期实现脱贫目标，与全国同步全面建成小康社会。

以习近平同志为核心的党中央，高度重视扶贫工作，党的十九大把精准脱贫作为决胜全面建成小康社会必须打好的“三大攻坚战”之一，作出了新部署。宁夏坚决贯彻落实党的十九大精神和习近平总书记“消除绝对贫困，解决区域性整体贫困”的要求，将脱贫富民作为自治区“三大战略”之一，紧盯目标任务，聚焦补齐短板，聚力攻坚难点，确保2020年农村贫困人口全部脱贫、贫困县（区）全部摘帽，与全国同步全面建成小康社会。

严格落实“两不愁三保障”标准。“两不愁三保障”不仅是评判脱贫攻坚的标准，也是全面建成小康社会的基本保障。要从全面建成小康社会的全局出发，看待标准、理解标准、坚持标准，既不能超越发展阶段盲目拔高标准、吊高胃口，也不能脱离实际随意调低标准、降低质量。宁夏紧扣中央“两不愁三保障”标准，扎实解决突出问题，进行拉网式排查，全面梳理问题、建立具体台账、逐项整改落实、逐个对账销号，切实解决薄弱环节和突出问题。

全力攻克深度贫困堡垒。脱贫攻坚是场硬仗，深度贫困地区是硬仗中的硬仗。我们严格贯彻落实“三个新增”要求，把自治区“五县一片”深度贫困地区作为脱贫攻坚主战场，在力量调配、政策支持、资源配置等方面给予倾斜，引导各方力量把扶贫工作重心、政策支持重心、社会帮扶重心向深度贫困地区聚集，统筹打好产业、就业、教育、健康等扶贫组合拳，确保这些地区的贫困群众如期脱贫。

激发贫困群众内生动力。脱贫攻坚不仅要为贫困群众输血，解决迫切的生产生活之需，更要激发贫困群众的内生动力，通过自身造血巩固输血成果，才能彻底拔掉穷根。在思想上扶志，建立脱贫正向激励机制，树立脱贫光荣导向，给脱贫户发放脱贫光荣证书，倾斜安排支农惠农项目资金，用身边人、身边事教育引导贫困群众，增强脱贫积极性、主动性、创造性。在能力上扶智，深入推进教育扶贫，健全完善贫困家庭学生关爱体系，努力让每个贫困家庭的孩子都能接受公平优质的教育，切断贫困代际传递。大力开展职业技能教育，持续开展“点单式”“配送式”培训，帮助贫困群众充分掌握就业技能，实现“一人就业、全家脱贫”。

2 勇于担当作为，压紧压实脱贫攻坚责任

2016年7月，习近平总书记视察宁夏时发出了“社会主义是干出来的”伟大号召。这是对数十年奋力摆脱贫困的宁夏人民的鼓励和鞭策。我们坚决响应伟大号召，振奋精神、实干兴宁，全力攻克深度贫困难题，确保如期脱贫。

牢牢扛起重大政治责任。在思想建设上，进一步提高政治站位，把确保如期脱贫作为增强“四个意识”、坚定“四个自信”、做到“两个维护”的政治要求，不放松、不停顿、不懈怠，团结带领宁夏各族群众打赢打好精准脱贫攻坚战。在队伍建设上，强化基

层基础力量，着力培育懂扶贫、会帮扶、作风硬的扶贫干部队伍。在组织建设上，实施“两个带头人”工程，优化提升村党组织带头人能力素质，增强基层组织带领群众脱贫致富的能力，为打赢脱贫攻坚战提供坚实保障。

坚持实事求是的工作作风。始终牢记习近平总书记“扶贫工作必须务实、脱贫过程必须扎实、脱贫结果必须真实”的谆谆教导，扎实开展脱贫攻坚作风建设年活动，全面加强扶贫领域作风建设，切实解决扶贫工作中的形式主义、官僚主义，坚决避免把工作搞成开会、发文件、填表格、报数据、搞评比，坚决避免“算账式”“指标式”“游走式”“突击式”脱贫，确保精准脱贫群众认可、经得起实践和历史检验。

坚决整治扶贫领域突出问题。把整改中央巡视、督查检查、考核验收反馈问题及群众反映强烈的突出问题作为巩固脱贫成效的重要抓手，制订整改方案，建立问题清单、责任清单、任务清单，以最坚决的态度、最扎实的举措、最严格的要求推进整改工作，确保及时整改、如期整改、彻底整改。对所有贫困县（区）开展扶贫专项巡视，集中整治扶贫领域腐败问题，对工作不力、措施不实、弄虚作假的依法依规问责追责，以实实在在的工作成效为打赢脱贫攻坚战提供有力支持。

3 坚持精准脱贫，重在提高脱贫攻坚成效

打赢脱贫攻坚战贵在精准、重在精准，成败之举更在精准。

宁夏时刻铭记习近平总书记扶贫对象精准、项目安排精准、资金使用精准、措施到户精准、因村派人精准、脱贫成效精准“六个精准”的要求，对症下药、精准滴灌，真扶贫、扶真贫，切实提高脱贫实效。

精准扶贫，源头精准是前提。扶贫必先识贫，只有精准识别贫困人口，才能做到扶真贫、真扶贫。宁夏始终把精准识别贫困人口作为首要环节，建立完善建档立卡贫困人口数据库，推进教育、住房、户籍、银行贷款等信息与建档立卡信息有效对接，实行动态调整更新，脱贫的及时销号，返贫的重新挂号，漏掉的及时补录，努力做到符合条件的一个不漏、不符合条件的一个不进。

精准扶贫，过程精准是关键。脱贫攻坚具有复杂性，每户贫困人口致贫原因、发展能力各不相同，必须对症下药、精准滴灌。宁夏始终坚持一户一本台账、一户一个脱贫计划、一户一套帮扶措施，挂图作业，按图销号。大力推进产业扶贫，通过订单农业、生产托管、土地流转、股份合作、产销对接等方式，帮助贫困群众因地制宜发展产业项目，稳定增收致富。强化基础设施建设，聚焦贫困村水、电、路、通信等基础设施短板，统筹实施贫困村整村推进、农村饮水安全、“四好”农村路建设等重大民生工程，着力改善贫困群众的生产生活条件。强化综合保障性扶贫，统筹社会保险、社会救助、社会福利等各类保障措施，为符合条件的贫困人口提供兜底保障。特别是针对因病致贫、返贫的实际情况，扩大医保目录，提高大病保险筹资标准，调低大病医保起付线，建档立卡贫困人口基本医保、大病保险实现全覆盖，贫困患者住院费用人均报销比例达90%。

精准扶贫，结果精准是根本。脱贫攻坚，结果必须真实，让脱贫成效真正获得群众认可、经得起历史和实践检验。宁夏实行最严格的脱贫退出制度，对扶贫对象动态跟踪监测、定期考核评估，达到脱贫标准的及时精准退出销号，不具备条件的决不强退硬退，已经退出的保持政策接续，确保脱真贫、真脱贫、精准稳定可持续脱贫。我们将严格按照习近平总书记“脱贫攻坚不获全胜决不收兵”的要求，保持政策的延续性，切实做到摘帽不摘责任、摘帽不摘政策、摘帽不摘帮扶、摘帽不摘监管，不断巩固提升脱贫成效，实现稳定可持续脱贫。

看变化：今日西海固

固原市隆德县联财镇联合村的一座冷凉蔬菜大棚里，村民张小龙正在忙碌。他说：“2016年，我回老家种植蔬菜，2019年种了11棚辣椒，年收入9万元，比在外打工一年收入两三万元高多了。”

联合村位于六盘山西麓，借助海拔高、气温低的优势成立了合作社，种植冷凉蔬菜，吸纳了村里90%的建档立卡贫困户种棚和务工。

张小龙在这里实现了“致富”这个曾可望而不可即的念想。

在山多川少、十年九旱的西海固地区，曾经富是梦想，穷是标签——1972年，西海固被联合国确定为“最不适宜人类生存的地区之一”。

这里的贫穷，曾是大山深处一双望眼欲穿的求知泪眼，曾是农家土院一筐卖不上价的土豆，曾是破败窑洞前一根叮当作响的挑水扁担……旧日，西海固群众往往辛苦劳作一年，却还是锅里缺粮、缸里缺水、身上没钱。

1982年，国务院实施“三西”农业建设计划。此后30余年，西海固地区历经“双百”扶贫攻坚、千村扶贫、百万贫困人口扶贫攻坚和精准扶贫等，一代代干部群众接续奋战，百计攻坚。

犹记得1997年春，时任福建省委副书记习近平同志到宁夏调研东西部协作对口帮扶工作，被西海固地区的贫困所震撼，提议建设闽宁协作示范村，搬迁安置西海固地区贫困群众，并亲自命名为“闽宁村”。如今，这个让习近平总书记牵挂了20多年的“移民吊庄”，以多条途径带动当地农民快速脱贫致富，让“干沙滩”变成了“金沙滩”，往日的闽宁村也发展成了闽宁镇。

青山有幸，岁月为凭。历经未曾停歇的数轮接力扶贫开发，西海固地区贫困人口从1982年的119.3万减至2019年底的1.88万，基本公共服务均等化已达全国中等水平。昔日“苦瘠甲天下”之地正作别世界级贫困，渐渐出落成一个善用科技利器、护持生态长城、干部协力攻坚、群众奋斗致富的崭新西海固。

破解山之困：大山孕育无限生机

地处六盘山集中连片特困地区，山既是西海固老百姓赖以生存的家园，也是他们脱贫路上难以逾越的障碍。沟壑纵横、干旱缺水、灾害频发……恶劣的自然条件将这里的群众与贫困紧紧捆绑。

1972年，国务院调查组一份报告写道：西海固群众生活仍然十分贫困，不少人家无隔夜粮，冬天没有御寒衣。

1982年，西海固山岭大多赤裸，贫困面高达80%以上。从这一年开始，中央实施“三西”扶贫开发计划，长远打算，科学规划，把救济同长远建设结合起来进行。

吊庄移民是宁夏在“三西”扶贫开发中采取的关键举措之一。20世纪80年代，宁夏回族自治区党委、政府再三研判，决心将南部山区生活在最干旱、偏远区域的极贫群众搬迁至引黄灌区。

延续这一做法，30多年来，宁夏先后组织6次大规模移民搬迁，123万人的“穷根”被彻底斩断。

在移民搬迁助力脱贫驶入快速通道之时，留在故土的多数西海固人仍需就地抗争。他们的经验是：要从大山刨出生机，以科技为支撑的现代农业革命是关键利器。近40年里，距离固原市城区30多公里的原州区河川乡上黄村将这一利器用到了极致。20世纪80年代，中科院在上黄村设立科研基地，研究水土流失治理和农业增产。在专家引导下，全村逐渐摒弃一个劲儿开荒种粮的做法，引柠条上山复绿，陆续尝试种植早酥梨、红梅杏，群众脱贫致富搭上科技快车。如今，走进占地上千平方米的现代化钢架大棚，可看到一条条菌棒分区域层层码放，在透明塑料膜包裹的菌棒上，白白的菌丝开始扩散。

2017年，在西北农林科技大学专家指导下，上黄村开始推广菌菇种植，村民们一年时间就学会制作菌棒，种一棚香菇收入五六万元。

覆膜保墒、圈舍饲养、水肥一体……一个个科技成果落地生根；菌菇、黄花菜、芦笋……一项项新产业从无到有，像上黄村一样，西海固地区顺应自然，变发展劣势为优势，让破解山困之路越走越宽。

科技“点山成金”，扶贫工厂则“送金入山”。“以前全家就靠丈夫一人打工，我要在家照顾上学的孩子，手头那点钱经常不够花。”吴忠市同心县河西镇旱天岭村村民马贵花说。经过培训，她学会使用缝纫机，在工厂她每月有1800元保底工资，日子

新华社记者　王鹏 / 摄

松活多了。

来自党中央、援助省份、宁夏回族自治区各个层次，从科技、资本、政策、人才等不同方面……万千“活水”源源不断流入，沉寂封闭的大山渐次苏醒，孕育出无限生机。

再造山之美：生态富民“任意门”正打开

“不适宜人类生存”并非西海固地区的固有标签。

历史上，这里曾经气候湿润，水草丰美。东汉班彪登固原城有感而作《北征赋》，描写的景象依然是山势巍峨、草木茂盛。随着气候变迁、屯兵开垦、毁林开荒，到晚清林则徐发配伊犁途经六盘山时，所见已是“其沙土皆紫色，一木不生，但有细草”。

汲取生态恶化的历史教训，自20世纪80年代启动开发式扶贫以来，西海固地区始终遵守“山绿才能民富”的生态逻辑。天然林保护工程、水源涵养林工程、“三北”防护林工程等，一批批生态建设工程在此实施；退耕还林、封山禁牧、移民迁出区生态修复等，一项项生态修复政策在此落地。如今的西海固人，既为先民弥补历史欠账，也为脱贫厚植生态根基。

盛夏时节，驱车行驶在固原的山路上要格外小心——路边野草丛中随时可能蹿出野生动物，山鸡、野兔、松鼠等甚至大摇大摆走在公路上。

这一幕对土生土长的青石林场护林员马维虎来说，在过去根本不敢想象。“我就在这道墚上出生、长大，小时候村里人为了捡柴火煨炕，拿把镰刀把柴草一根不剩地割走，走几个山头都凑不满一筐子。”马维虎指着面前的一座山头说，“小时候我一直在想，山要是绿的该多好看！”

能吃苦、有想法的马维虎长大后离开山沟沟，到固原城里卖水果、贩牛羊，日子过得红红火火。但为了儿时“让山绿起来”的梦想，他放下生意，回到老家当起了护林员。

2003年，又一重大生态工程——封山禁牧——在宁夏全境实施，马维虎身上的担子更重了。禁牧初期，马维虎不知和村民发生过多少次冲突，有时上山巡逻一趟，衣服就被拽扯成烂布条。即便自己的大哥上山放羊，马维虎也毫不留情把羊扣下。“为此我们俩三年没说过一句话。”谈起当年为护林受的委屈，马维虎语带哽咽。

种树、护树、爱树，20多年来，马维虎成了“树痴”。正是有了一个个马维虎式的护绿人，有了一系列生态政策的接续加持，马维虎儿时的梦想正在变为现实。行走于西海固地区，“山像和尚头”的荒凉景象不再，满山叠翠，溪水潺潺。据统计，固原市的森林覆盖率从20世纪70年代的1.4%提高到2019年的28.4%，植被覆盖度更是超过70%。

人不负青山，青山定不负人。西海固地区持续数十年的生态修复和区域小气候形成良性循环。特别是进入21世纪以来，西海固地区降水量在波动中呈上升趋势。

雨水多了，人听话了，山绿民富水到渠成。入夏后，固原市泾源县大湾乡杨岭村村民马克俊开的老马茶馆迎来生意旺季。2020年他装修了茶馆，新学了八宝茶泡法。“来避暑的人可多了，想让游客喝杯我们家乡的茶，舒舒服服欣赏美景。”马克俊说。

杨岭村地处峡谷，2019年举办了杨岭首届山花旅游节，10天游客突破10万人次，旅游产业综合收入300余万元。“村民摆小吃摊一天最高收入有到7000元的，不少村民吃上了好生态的‘颜值饭’。”杨岭村村干部说。

厚积多年的生态之利为西海固脱贫提供了前所未有的绿色路径。2017年，固原市提出实施让山更绿、民更富的“四个一”林草产业试验示范工程。一棵树、一株苗、一棵草、一枝花，示范工程挖掘释放绿水青山的生态功能、经济优势和产业价值，种出风景，种出产业。

水蜜桃已经挂果，火龙果旺盛生长，黄花菜迎风摇曳……南果生北地，越来越多西海固人没种过、没见过甚至没听过的植物，正在这片大地茁壮成长，成为他们走出贫困、走向富饶的“任意门”。

淬炼山之魂：不忘使命斩荆棘

在宁夏脱贫攻坚一线，有干部扑下身、沉下心，尽心尽力为群众解决枝叶小事；有干部带着群众撸起袖子加油干，让贫困山村美起来、富起来；也有干部用自己的生命之光，点亮苦寒战贫中的土地。

2017年5月，北京大学肿瘤医院。

“淋巴癌晚期。”拿到诊断报告，固原市泾源县黄花乡党委书记马新娟一天一夜没说话。

治疗几个月后，马新娟躺不住了。“我们乡脱贫攻坚到了关键时刻，看病先放放。”她不顾劝阻，与医院签下协议：自愿放弃化疗，回家自主选择医院治疗。

几天后，马新娟出现在黄花乡羊槽村扶贫车间筹建现场。“马书记，你的头发怎么剪得这么短？”羊槽村村干部问道。

“怎么样？我新剪的这个发型精神不？”马新娟笑着回答。实际上，她因为化疗头发早已掉光，戴上假发是怕同事和村民知道她的病情。

2018年4月，马新娟在主持黄花乡脱贫攻坚推进会时，突然离席去卫生间，大口大口吐血。一个月后，年仅40岁的她撒手而去。

逝者托体六盘山，生者战贫不止息。在西海固地区，扶贫干部们用青春书写初心使命，用实干诠释责任担当。

2016年，清华大学博士毕业生樊学双离开4个月大的孩子，来到固原市隆德县挂职副县长。

2017年，樊学双牵头建成隆德县闽宁残疾人托养创业中心，探索电商创业。一开始产品没销路，樊学双背着土豆粉丝样品全国跑。一年多后，电商平台合作社销售额突破2000万元，仅2019年就为2390名贫困重度残障人士分红186万元。

牵头实施自来水提升工程，让4.5万群众喝上健康水；数十次奔波北京、福建，促成清华大学第一附属医院与隆德县医院结对子……2018年工作期满后，樊学双毅然选择再干两年。

为新时代提供鲜活注脚的，还有一股来自海的力量。1996年闽宁对口扶贫协作开始以来，11批180余名福建援宁挂职干部和2000

余名支教、支医工作队员、专家院士、西部计划志愿者，将爱拼会赢的福建精神融入宁夏的山山水水。

在一批批福建干部，支农、支教、支医队员来到宁夏挂职、援助的同时，一批批宁夏干部从西北内陆前往福建挂职学习。归来后的他们成为贫困地区各行各业的“领头羊”“顶梁柱”。

移除山之魇：“等靠要”思想渐远去

走进固原市西吉县偏城乡下堡村71岁的马佑伸家，外墙贴着瓷砖的砖瓦房干净整洁，崭新的圈棚里羊肥牛壮。一见客人来，他忙端出两大盘馓子油香、瓜子糖果，笑容满面地招呼大家。

马佑伸曾是全村出了名的“难缠人”，经常上访，见村干部就骂。如今他一心忙致富，天天钻牛棚，不愿再提陈年旧事，只是滔滔不绝地算起享受的“政策账”：2019年赶上村里扶持养牛，进母牛、下牛犊、种青贮玉米、挖青贮池都有补贴；2020年扩大规模，村干部帮忙担保贷款20万元，补栏一批牛羊。“政策这么好，我要打个翻身仗呢。”马佑伸说。

上访户变励志户，在西海固地区并不鲜见。过去人们被贫穷折磨怕了，无论怎么努力也没用，时间一久便习惯“等靠要”，渐渐“心山”难移。近年来，精准扶贫政策让老百姓看到希望，从心底喷涌出为幸福生活奋斗的动力。

移除“心山”，文化的力量不可小觑。在固原市原州区三营镇鸦儿沟村，茶余饭后，村民喜欢到马志学家唱唱“山花儿”。马志学曾受电击致双臂残疾，但他没有丧失信心，潜心钻研“花儿”创作，成了宁夏山花儿自治区级非物质文化遗产传承人。

2011年，在政府支持下，马志学腾出自家屋子办文化大院，100多位村民自发参加、自排节目，文化大院常常热闹非凡。受到追捧的“自乐班”名气渐响，马志学开始带着团队到十里八村巡演，“文艺活动多了，村民精气神明显变了，聚众赌博、喝酒、闲扯的人少了，重文化、谋致富的人多了。”马志学说。

人气越来越旺的马志学文化大院，只是宁夏在贫瘠土地上打造“文化高地”的一个缩影。“文化大篷车”30多年如一日奔波于乡村、贫困地区，村综合文化服务中心率先实现全覆盖、新时代文明实践中心助推党的创新理论在基层落地生根……一个个文化阵地遍布宁夏贫困村落，在凸显“文化磁力”的同时，也在潜移默化改变群众的惯性思维。

吴忠市红寺堡区红寺堡镇玉池村移民马慧娟，从2008年开始于农闲时间在手机上创作，先后出版5本书。“日子一天天好起来，口袋一天天鼓起来，生活也有了指望和奔头。”她在2020年刚出版的新书《走出黑眼湾》中写道。

出书、登上央视舞台、当选全国人大代表，文化的力量一步步改变着马慧娟，她的想法也在不断进阶。2018年，马慧娟借助村部的农家书屋创办“泥土书香读书社”，建立互助学习小组，教大家识字、读书。“有了见识，富了头脑，人就会变个样。”马慧娟说。

与马慧娟的姐妹们在打工务农之余扫盲相比，西海固的孩子幸运得多，他们都圆了坐在宽敞明亮的教室里潜心向学的读书梦。

7月临近学期末，新园完小六年级（一）班的学生正盯着讲台中央的大屏幕上网课，屏幕另一边是60多公里外的县城重点学校思源实验学校的师生。“学校接入在线互动课堂已经两年多，与城里学生一起上课，孩子们积极性很高，视野也开阔了，村小老师教学水平也有提高。”校长买金锋说。

知识的火把一旦点燃，势必照亮人生。从小接受新事物、新思维、新理念的西海固孩子，将在逐渐褪去贫困标签中迎接更多可能。

心有所向，行必致远。85年前，红军长征翻越最后一座高山——六盘山，此后中国革命从胜利走向胜利。而今，托起这座“胜利之山”的西海固人民，正投身并且见证着中华民族脱贫攻坚斗争的伟大胜利。

看发展：六盘山下

地处西海固地区的六盘山是当年红军长征胜利翻越的最后一座高山。今天，历史又赋予了这座“胜利之山”新的使命——要让六盘山上下的贫困群众全部脱贫，让这个曾“苦瘠甲天下”的地方换上新的容颜。

在宁夏，在西海固，脱贫攻坚收官战的冲锋号在养殖棚圈、扶贫车间、农业基地间回响，这里的干部群众誓言如山：脱贫“一个都不能少”，攻坚“一点也不能含糊”，迈向新生活的步伐“一步也不能停”。

一个都不能少："激发群众心劲儿"

天刚蒙蒙亮，中卫市海原县西安镇范台村村民李成海家就响起了嚓嚓的铡草机声。李成海脸都顾不上洗，就忙活着给家里的"宝贝们"准备"营养早餐"。

李成海的"宝贝们"是家里的28头牛。过去李成海守着几十亩薄田，收入仅够糊口。为解决像李成海这样的贫困户缺少发展启动资金的难题，精准扶贫实施以来，对口帮扶海原县的华润集团特意打造了"基础母牛银行"。2017年李成海从"基础母牛银行"赊了6头牛来养，次年就脱贫了。

"现在我心劲儿大得很，再辛苦也值得！以前也起早贪黑，一年苦到头却没盼头。"李成海说。

与李成海家相隔200多公里的固原市隆德县联财镇太联村贫困户张世坤也有着同样的感悟。对于一个从前"花1元钱都要伸手向别人要"的残疾人来说，就业的意义不仅在于增收，更意味着有尊严地生活。

张世坤因为腰椎骨折而无法站立，此前已经困守在家20多年了。现在通过在"家门口"的人造花扶贫车间打工，他每年收入2万元，"组装花朵坐着就能干，我也能自食其力了。"张世坤说。

在宁夏，40多个民族共居于此，少数民族人口占比超过37%，李成海只是其中一员。在宁夏，残疾人是贫困程度最深、脱贫难度最大的群体之一，张世坤也只是其中普普通通的一位。

打赢脱贫攻坚战，全面建成小康社会，一个民族都不能少，一个特殊群体也不能落下，这是各级党委和政府的庄严承诺。无声誓言，写就了六盘山上下最动人、最真实的中国故事。

央企对口扶贫、产业扶持、移民搬迁、生态补偿、闽宁协作……宁夏将扶贫“工具箱”中政策“工具”一样不落地用在西海固地区，这里的贫困人口也从2014年建档立卡时的80.3万减少到2019年底的1.88万；兜底保障、就业扶贫、资产收益扶贫……宁夏探索多种渠道助力残疾贫困群体增收。

一点也不能含糊：“踢好临门一脚”

2020年6月12日，宁夏最后一个未摘帽的国家级贫困县——西吉县的“四查四补”调度会已开到了第八次。全县295个村的1845名扶贫干部和网格员们，带着脱贫清单挨家挨户上门，一遍又一遍地“过筛子”、查短板，出实招补弱项。

脱贫攻坚正处于关键时期，“临门一脚”怎么踢？

从2020年3月起，宁夏全面开展查损补失、查漏补缺、查短补齐、查弱补强的“四查四补”工作，严丝合缝地对照脱贫标准，用“放大镜”查问题，一个一个销号解决，一点都不能含糊。

固原市隆德县观庄乡倪套村贫困户穆双权家2017年享受危房改造政策建了新房，但因为缺钱只盖了36平方米，这个6口之家未达到人均住房面积13平方米的标准。“儿子、儿媳在外地打工，我和老伴儿就带两个孙子凑合住。”穆双权说。这次赶上“四查四补”，政府又补贴了1.8万元，再加上自己的积蓄，穆双权家加盖了几间房，终于够住了。

新华社记者　王鹏 / 摄

“临门一脚”，谁是“关键球员”？广大党员干部冲锋在前。30岁的虎正南在吴忠市红寺堡区柳泉乡柳泉村已驻村6年了，两次驻村期满他都申请继续留下，“有些工作思路没实施，我放不下。柳泉村从2016年开始大规模种植黄花菜，2020年才初见效益，要关注农民收益到底如何，后续加工、销售等方面也还需要完善。”虎正南细说着一再延期的理由。

“临门一脚”更加考验应变能力。新冠肺炎疫情打乱了人们生产生活的节奏，但脱贫攻坚的进程一刻不能耽误。

外出务工，是西海固群众增收的“铁杆庄稼”，受疫情影响首当其冲。保就业就是保增收，疫情发生以来，宁夏与福建等15个省份定向对接“返岗专列、专机”，累计“点对点”输送近1.5万名群众，其中建档立卡贫困劳动力4600余人。

一步也不能停：“脱贫只是新的起点”

“欢迎来到我的直播间，纯手工制作的挂件，喜欢的进来看看！”从西海固移民到石嘴山市平罗县陶乐镇庙庙湖村的马蕊最近的节奏有点快，从前还只是在集市上摆摊的她，两个月前在村电商服务站的鼓励下，开通了网上直播卖货。

让马蕊没想到的是，第一次开直播就卖出七八十件，比摆摊一个月卖得都多。“现在自己做出来的东西已经不够卖了，我想教几个徒弟，带着村里的姐妹们一起干。”尝到甜头的马蕊已经有了新计划。

从1982年启动开发式扶贫以来，宁夏累计减贫300多万人，相当于全区现有人口的一半左右。脱贫是新生活、新奋斗的起点，已经摆脱贫困的群众从未停止追寻幸福的脚步。

“电商直播”“网红培训”，这些广告已经写在了移民村村口集贸市场的门牌上；更多城里人熟悉的时髦元素，也已经走进了贫困群众的生产生活；卫星导航、物联网技术等新应用，亦成为宁夏农民的“新农具”。

在银川市永宁县闽宁镇的移民村里，光伏农业大棚实现了物联网溯源、智能精准灌溉等一系列农业自动化控制；在吴忠市利通区，安装了北斗导航设备的农机，一次性完成起垄、铺管、覆膜等多道工序；在固原市原州区的万亩冷凉蔬菜基地，无人机平稳起飞喷洒农药……从脱贫攻坚到乡村振兴，塞上百姓对“土里也能刨出金”有了更多憧憬。

奋斗不止步，幸福方可期，让六盘山再度见证历史。脱贫攻坚，山乡巨变，一个山绿民富的新西海固正呼之欲出！

看新生：老村子换新颜

5月的六盘山天高云淡，山脚下的杨岭村被一片新抽芽的绿色环绕。2016年习近平总书记在西海固考察时，提出要到比较艰苦的农村看一看。固原市泾源县大湾乡杨岭村是条件比较差的村庄，成了习近平总书记在宁夏考察的第一个贫困村。

还未进村，轰隆隆的机器声就传了过来。在杨岭村的主干道上，施工队正在铺设地下排污管道。

习近平总书记在这个村考察时说，农村不能比城市差，基本公共服务要一样，一样的路，一样的房，一样的学校，要朝着这个方向努力。

大湾乡相关领导说：“在新农村建设方面，我们按照习近平总书记的要求，村里的基础设施和公共服务向城市看齐。”

眼下，杨岭村的农户正在进行自家厕所、厨房、围墙和大门的“三改一整”工作。厕所和厨房的改造资金政府补贴70%，围墙和大门的改造资金政府补贴80%。

村民马克毕家的旱厕改水厕已经完成。走进他家正屋，地板砖干净明亮，在屋子最里边开辟了一个5平方米左右的卫生间，抽水马桶、太阳能热水器一应俱全。“真是没想到，这辈子咱农村人也能用上抽水马桶。”马克毕说。

杨岭村对农村基础设施的改造强调，不做“面子工程”，而要为发展产业积蓄力量。风景秀丽，气候宜人，可过去千百年靠天吃饭，杨岭村一直没有摆脱贫困。“习近平总书记实地考察杨岭村，对扶贫工作提出了要求，也为杨岭村的发展指明了方向。我们将杨岭村作为旅游乡村来规划建设，列入全区十大特色产业示范村，以点带面，探索脱贫攻坚的有效路径。”固原市分管领导介绍道。

村子的规划和变化，让村民们看在眼里，喜在心里，一股回乡创业之潮在杨岭村悄悄涌动。马凤梅在杨岭村种了半辈子地，依然和贫穷纠缠在一起。十多年前，穷够了的马凤梅和丈夫走出杨岭村，在离家数百公里外的灵武市开了一家小饭馆，生意越来越好。但看到家乡最近发生的新变化，马凤梅心动了，最终决定回到家乡开一家农家乐。

“以前的杨岭村又穷又破，村民们大都是有走心、没守心。现在感到越来越有奔头，以前进城的村民许多都打算回来发展呢。”马凤梅说。

结合杨岭村的发展规划，政府相关部门在摸底后有针对性地组织开展技能培训、配套基础设施。

第二章

东西协作：闽宁携手树典范

习近平总书记亲自设计、亲自推动、亲自组织实施的“闽宁模式”是全国东西部扶贫协作的典范，宁夏是受益者，也是践行者。全区人民始终沿着习近平总书记亲自设计的蓝图，不断巩固发展闽宁对口扶贫协作成效，为打赢精准脱贫攻坚战注入强大动力。“闽宁模式”也为东西部扶贫协作积累了宝贵经验，展现了只有中国共产党才能领导开展这样大规模、长时间的扶贫协作和对口支援，彰显了中国特色社会主义的政治优势和制度优势。

1 伟大创举，贯穿脱贫攻坚始终

1996年，根据党中央、国务院“两个大局”的战略构想，福建和宁夏两省区建立了对口扶贫协作关系，时任福建省委副书记习近平同志担任福建省对口帮扶宁夏回族自治区领导小组组长。在福建省工作期间，习近平总书记先后5次出席闽宁对口扶贫协作联席会议，3次发表重要讲话，2次到宁夏实地考察指导，并推动建立了“联席推进，结对帮扶，产业带动，互学互助，社会参与”的对口扶贫协作机制，为闽宁对口扶贫协作指明了方向，提供了遵循。20多年来，闽宁两省区始终按照习近平总书记当年推动建立的对口扶贫协作机制，一届接着一届抓、一任接着一任干，长期坚持，久久为功，并在实践过程中不断创新思路、丰富内容、拓展领域，助推了宁夏经济发展、社会进步和民族团结，为全国东西部扶贫协作探索了路子、积累了经验。2016年7月20日，习近平总书记在银川主持召开的东西部扶贫协作座谈会上，对闽宁对口扶贫协作给予了充分肯定，闽宁对口扶贫协作成为全国东西部扶贫协作的成功典范。

习近平总书记强调，东西部扶贫协作和对口支援，是推动区域协调发展、协同发展、共同发展的大战略，是加强区域合作、优化产业布局、拓展对内对外开放新空间的大布局，是实现先富帮后富、最终实现共同富裕目标的大举措。习近平总书记亲自设计、亲自推动、亲自组织实施的“闽宁模式”是全国东西部扶贫协作的典范，宁夏是受益者，也是践行者。我们始终沿着习近平总书记设计的蓝图，不断巩固发展闽宁对口扶贫协作成效，为打赢精准脱贫攻坚战注入强大动力。

“闽宁模式”为东西部扶贫协作积累了宝贵经验。习近平总书记始终心系宁夏，早在1996年便担任福建省对口帮扶宁夏回族自治区领导小组组长，多次到宁夏实地考察，推动开展易地扶贫搬迁，建设闽宁村，把贫困群众从极端贫困的西海固地区搬迁到位于宁夏平原中部的银川市永宁县。20多年来，闽宁村发展成了闽宁镇。闽宁协作从单向扶贫解困发展为双向互利共赢，从单一的经济援助发展为教科文卫等多领域合作，从单纯的政府行为发展为政府、企业、社会相结合的对口协作，成为中国特色开发式扶贫的成功典范。在银川召开东西部扶贫协作座谈会期间，习近平总书记视察了闽宁镇，与乡亲们亲切座谈，强调“闽宁合作探索出了一条康庄大道，这个宝贵经验可以向全国推广，做一个示范，实现共同富裕”。我们深刻体会到，只有中国共产党才能领导开展这样大规模、长时间的扶贫协作和对口支援，充分彰显了中国特色社会主义的政治优势和制度优势。

巩固发展闽宁扶贫协作新成效。始终坚持习近平总书记确定的闽宁协作方向和机制，巩固发展闽宁对口扶贫协作成效，凝聚脱贫攻坚力量，确保与全国同步全面建成小康社会。坚持联席推进，每年轮替召开闽宁两省区党政主要负责同志参加的联席会议，共同研究帮扶事项，共同解决重大问题，共同推进任务落实。坚持结对帮扶，深化携手奔小康行动，一对一精准帮扶，极大地改善了贫困地区发展。坚持产业带动，立足宁夏所需和福建所能，共同建设闽宁扶贫产业园、扶贫车间、劳务基地等，加强职业技能培训，组织劳务输出，努力走出一条企业合作、产业扶贫、项目带动的造血式扶贫路子。坚持互学互助，互派党政干部和专业技术人员挂职，开展“一次塞上行，一生闽宁情”活动，促进观念互通、思路互动、技术互学、作风互鉴，成为推动两地发展的生力军。坚持社会参与，充分调动闽宁两地慈善机构、社会团体、民间组织、爱心企业力量，开展“百企帮百村”行动，凝聚了脱贫攻坚的强大合力。

2 生动实践，携手共圆全面小康

20多年前，按照党中央作出的东西部结对帮扶的战略部署，福建省和宁夏回族自治区建立起对口扶贫协作关系。从此，武夷山与六盘山肩并肩，闽江和黄河相辉映，远隔千山万水的两省区有了不解之缘，携手向贫困发起挑战。

始终坚持联席推进，确保中央扶贫开发政策贯彻落实。在闽宁对口扶贫协作之初，习近平总书记就推动建立了党政联席会议制度，确保了对口扶贫协作年年有新举措，年年有新成效。20多年来，两省区把党政主导、联席推动作为闽宁对口扶贫协作的有力抓手，紧紧围绕扶贫开发这条主线，每年召开一次由党政主要领导参加的联席会议，及时总结交流帮扶经验，研究解决帮扶重大问题，协商制定帮扶举措，督促协商成果落地见效。每次会上都根据福建所能、宁夏所需进行紧密对接，提出工作要求，确定工作重点，落实协作责任。在闽宁对口扶贫协作第2次联席会议上，时任福建省委副书记习近平同志亲自签署决定，为宁夏贫困地区打水窖2万眼，

新华社记者　王鹏 / 摄

援建希望小学16所，发动福建省属国有、“三资”、乡镇及民营企业到宁夏联办创办经济实体，互派干部挂职，扩大宁夏对福建劳务输出，在彭阳县开展菌草示范生产。之后，在每年召开的联席会议上都要确定具体的帮扶项目和协作内容。联席会议制度的建立和长期坚持，使闽宁对口扶贫协作的路子越走越宽，帮扶的效果越来越好，群众得到的实惠越来越多。

始终坚持结对帮扶，加快贫困地区脱贫致富进程。在2002年闽宁对口扶贫协作第6次联席会议上，时任福建省省长习近平同志提出，在巩固现有扶贫成果的基础上，要根据新时期扶贫开发的特点，调动各方面力量，创新帮扶机制，拓宽合作领域，扩大协作规模，增强帮扶力度，推进闽宁对口扶贫协作再上新台阶。20多年来，两省区始终坚持把市县结对帮扶作为贯彻这一要求的重要举措，福建省30多个县（市、区）先后轮流结对帮扶宁夏9个贫困县（区）。1997年，时任福建省委副书记习近平同志提议建立一个以福建、宁夏两省区简称命名的移民村——闽宁村。经过20多年的开发建设，当年不到8000人的闽宁村已变为下辖6个行政村、常住居民超过6万人的闽宁镇，全镇移民人均可支配收入由搬迁之初的不足500元跃升到2020年的13970元，昔日的“干沙滩”变成了“金沙滩”。闽宁镇与福建漳州市台商投资区角美镇、闽宁镇6个行政村与福建7个经济强村建立了“携手奔小康”关系，在他们的示范带动下，两省区一批乡镇和行政村先后建立了结对帮扶关系。在市、县、乡、村结对帮扶的同时，两省区各级党政机关、企事业单位、人民团体、科研院所、各级各类学校和医院之间也开展了形式多样的协作共建，营造了多层次、全方位的对口扶贫协作氛围。

始终坚持产业带动，增强贫困地区自我发展能力。在1998年闽宁对口扶贫协作第3次联席会议上，习近平同志强调，闽宁对口扶贫协作要以基本解决贫困人口的温饱问题为重点，以产业协作为基础，进一步加大企业和社会力量扶贫协作的规模和力度，切实抓好教育、科技和人才的扶贫协作。20多年来，两省区牢牢抓住增强贫困地区自身造血能力这一关键，以“5·18”海峡两岸经贸交易会、“6·18”中国海峡项目成果交易会、“9·8”中国国际投资贸易洽谈会、中阿博览会等商贸活动为平台，把发展特色产业作为提高自我发展能力的根本举措，坚持以市场为导向，以产业协作为基础，通过共建扶贫产业园、搭建合作交流平台等方式，促进贫困地区优势资源开发，带动贫困人口长期稳定脱贫，走出了一条企业合作、产业扶贫、项目带动的造血式扶贫路子。通过政府搭台、企业唱戏，已吸引5600多家福建企业（商户）落户宁夏，8万多闽籍人员在宁从业。此外，宁夏青龙管业、宁夏红等企业也成功进入福建开拓市场，宁夏哈纳斯燃气集团在福建投资110亿元的莆田国家级天然气战略储备基地项目被列入国家和福建省“十三五”规划，产业协作步入合作共赢的新阶段。

始终坚持互学互助，促进干部理念更新和作风转变。闽宁对口扶贫协作的20多年，既是福建的人才、资金、技术、经验、市场要素植入宁夏发展“肌体”的过程，也是对两地特别是宁夏干部群众的思想观念“洗礼”的过程。福建先后选派11批180余名干部和2000余名支教、支医人员等来宁帮助工作，宁夏也先后选派20批

344名干部到福建挂职。通过互派干部挂职，不但培养锻炼了干部，而且帮助宁夏干部群众学到了东南沿海发达地区的先进理念，开拓了眼界，转变了观念，提升了素质，增长了才干，增强了改变家乡面貌的紧迫感和责任感。通过支教、支医和科技领域的合作交流，引进了福建省先进的教学思想、医疗技术和科学技术，助推了宁夏脱贫攻坚事业。

始终坚持社会参与，凝聚起脱贫攻坚强大合力。20多年来，闽宁两省区积极搭建社会参与平台，培育多元社会扶贫主体，引导和鼓励社会团体、民间组织、爱心人士通过科技帮扶、公益慈善、投资置业等方式，积极参与宁夏贫困地区的经济社会建设。在充分发挥各级工、青、妇等人民团体的示范引领作用的同时，广泛动员福建各类商会、协会发挥桥梁纽带作用，引导和鼓励福建企业及个人投资宁夏、投资西海固。在参与宁夏经济建设的同时，福建企业家还积极投身援建希望学校、资助贫困学生、救助困难群众等社会公益事业，捐款捐物超过了1.3亿元，并设立了“闽商见义勇为基金”。

3 五点启示，开创扶贫协作道路

在党中央的坚强领导下，闽宁两省区20多年来守望相助奔小康，从单向扶贫到产业对接，从经济援助到社会事业多领域深度合作，形成了独具特色的“闽宁模式”，开创出一条具有示范意义的扶贫协作道路，集中展现了中国特色社会主义制度的巨大优越性。

启示一：把建立长效机制作为前提

20多年来，闽宁两省区历届党委、政府，始终按照习近平总书记当年确定的闽宁对口扶贫协作总方针，在实践扶贫协作五大机制中，围绕促进贫困地区经济发展，务实苦干，大胆创新，实现了闽宁对口扶贫协作向多层次、全方位、宽领域发展。闽宁两省区每年轮流召开一次党政主要领导参加的联席会议，形成会议纪要、签订各类合作协议，协作（合作）内容均能落实。经济、科技、教育、文化、卫生、干部培养等扶贫协作内容越来越丰富，层次越来越高。做到了年年都有新举措，年年都有新成果，20多年持续不间断，有力推动了宁夏脱贫攻坚的进程。

启示二：把解决贫困问题作为核心

20多年来，遵循习近平总书记当年提出来的“以促进贫困地区经济发展为中心，以解决贫困地区群众温饱问题为重要任务”的对口扶贫协作要求，始终坚持以解决贫困问题为核心，将扶贫重心由“物”转变为“人”，围绕“人”的发展配置资源和项目；以科教扶贫为重点，着眼于提高人的素质；以医疗卫生帮扶为重点，致力于改变因病致贫、因病返贫；以技能培训和劳务输出为重点，培植和发展扶贫造血功能；以生态环境建设为重点，改变贫困人口生存条件和生产生活方式；以发展特色产业为重点，因人因地精准施策拔穷根。不仅改变了一代人的命运，而且推动了贫困地区整体社会进程。

新华社记者　王鹏 / 摄

启示三：把产业带动扶贫作为关键

闽宁两省区成功实现了援助式扶贫向开发式扶贫转变。把福建的人才、资金、技术、经验、市场等要素与宁夏贫困地区的土地、特色农产品和劳动力资源有机结合，培育和发展了西吉县、隆德县、盐池县、红寺堡区和永宁县的闽宁产业园（城），引入了福建的华林公司、国圣公司、皇达科技等企业，带动了当地现代农业和特色优势产业的发展，走出了一条市场导向、产业带动、扩就业、促增收的脱贫路子。通过产业链的纵向和横向延伸，产业的触角逐渐渗透到乡（镇）村，与土地和劳动力要素相衔接。一个个特色优势产业集群正在改变着西海固地区落后的生产结构和传统的生活方式。

启示四：把改造生态环境作为基础

贫困地区发展生产的最大制约因素是自然环境。由于历史、人口、观念等多种因素，人和环境陷入发展与破坏的矛盾之中。西海固地区千百年来制约人类生存与发展的生态环境，目前已经彻底扭转。天上的水，地表水、地下水已经被充分合理利用，这一片生存之地被有效治理，土地和人的关系也被彻底重建。

启示五：把激发内生动力作为根本

如何将输血式扶贫转变为造血式扶贫，是扶贫开发最重要的课题。闽宁两省区的扶贫干部创造性地发挥政策优势，利用资本之手和市场规律，激励和鞭策贫困群众发展产业，主动参与产业链的生产与分配；鼓励返乡农民工创业，带动千家万户参与发展特色产业，激发出蕴藏在当地群众之中的内生动力，把贫困地区群众引上了靠自己双手勤劳致富的道路。

4 双向互动，合作助力全面小康

福建省从民生改善、产业发展、生态改善等多方面入手帮扶，不仅为闽宁镇带来了项目和资金、先进的生产技术和管理理念、开拓进取的精神，更带来了创新帮扶机制、发展成果共享等前瞻性思想。

在闽宁镇，移民搬迁后的变化，更主要体现在观念、视野上可喜的跨越。从打工仔成功转型企业主的万军红说："现在'等靠要'的人越来越少了，在周围群众的影响下，原来懒惰的人也开始走出家门，用双手去创造财富。"

2016年10月，福建省漳州市台商投资区与永宁县及闽宁镇各村签订结对共建协议，建立了县、镇、村三级结对，互帮互助，共同发展的闽宁协作新机制。闽宁镇6个村每村派出1名村干部，闽宁镇机关派出2名干部到福建角美镇学习锻炼，目前已选派4批共32名镇、村干部。同时，经福建省委组织部协调，角美镇与闽宁镇于2017年2月互派一名副科级干部异地挂职，交流互助，对接解决各类具体问题，为期2年。

永宁县相关负责人介绍："在挂职交流的基础上，我们还明确每年召开一次两县乡镇联席会议，每半年双方党政领导互相走访一次，加强交流，深化合作，积极探索建立市场主导、互助互学、各领域交流的协作机制，推动两镇协作交流向更宽领域、更深层次拓展。”

除干部交流之外，闽宁镇的村民还期盼更多的民间交往。一些受访群众希望在联席会议、干部交流这些官方的合作之外，多组织当地村民去福建看看，他们期盼福建相关学校能开展“闽宁教育合作”的初高中特色班，让闽宁镇的孩子出去多见见世面，接受更加优质的教育。

看实践：带来温暖

24年来，福建省选派11批180余名干部到宁夏贫困地区挂职帮扶，他们在产业对接、经济援助、社会事业等领域贡献力量，还为贫困地区带来先进的发展理念，推动闽宁两省区携手战贫困、共同奔小康。他们“一任接着一任干”，使东西部扶贫协作的“闽宁模式”不断焕发新活力，为全国脱贫攻坚探新路。

使命穿越时空

50多岁的前庄村农民王玉娟麻利地把人造花打包入盒，每天计时工作、机动灵活，干起来得心应手，一年能赚1.5万元。

持家、务农、就业三不误，把车间建在村口的“送岗上门”模式，是福建援宁挂职干部樊学双针对固原市隆德县农村妇女无法离家就业想出来的妙招。像这样的人造花扶贫车间，隆德县就有10

多个。这家福建企业2013年入驻隆德县工业园，通过扶贫车间的形式解决600多人就业。

福建援宁挂职干部、中卫市海原县县长助理陈阳升在挂职期间也干了件大事儿。他提出建设海原县首个闽宁纺织工业园，并一次性引进集布料、刺绣等服装上下游产业链的7家企业，结束当地20多年没有福建企业的历史。

因地制宜探索扶贫开发的路径，多给受援地区培育可持续发展的产业，吸引企业参与扶贫，是每一批福建援宁挂职干部的使命。

“用福建的‘发展性资源’激活宁夏的‘基础性资源’，把适合在宁夏发展的福建企业引进来，有利于吸纳贫困户就业，增强脱贫的内生动力。”福建省第10批援宁工作队领队，固原市委常委、副市长陆菁说。

20多年来，闽宁协作实现向以发展产业为重点的造血式扶贫转变。在福建援宁挂职干部帮助下，重点结对帮扶地区固原市形成以冷凉蔬菜、马铃薯等为主导的特色优势产业和以特色果品、牛肉等为主的加工制造业。

众人拾柴火焰高，破解深度贫困需要凝聚各方力量。为此，福建援宁挂职干部发挥人脉资源优势，调动各界力量参与脱贫攻坚。为了深化帮扶，他们还努力使结对帮扶关系向下延伸，如海原县、泾源县、红寺堡区、西吉县已实现乡镇“一对一”结对帮扶全覆盖，永宁县闽宁镇拓展镇、村、组三级对口扶贫协作新路子。

携手挑战贫困

一批批挂职干部接力扶贫，使两省区跨越2000余公里的心手相连从未间断，并成为东西部协作的典范。从1996年起，福建有30多个县（区）和宁夏9个贫困县（区）携手发展。一年一度的省级联席会议制度，确保了闽宁协作不间断。

有顶层设计，更要有一批有情怀、有担当的干部去落实。20多年的实践证明，福建援宁挂职干部是助力宁夏脱贫攻坚的一股强大力量。宁夏回族自治区扶贫办工作人员说："这些挂职干部的奉献精神令人钦佩。有的干部来挂职，把老婆带来支教，孩子转学到固原上学；有的干部挂职结束回到福建后，依然心系宁夏，为闽宁协作奔走。"

"功成不必在我，功成必定有我"是每个福建挂职干部的情怀。"从县域经济百强县闽侯到国家级贫困县隆德，巨大的反差让我觉得责无旁贷。"樊学双说，"绝不能辜负党组织的重托，必须真抓实干做事。"

"能参与脱贫攻坚这一伟大实践，感到非常荣幸，充满使命感。"很多挂职干部对于"闽宁协作"这四个字倍加珍惜。如今，福建援宁挂职干部成为一支活跃在西部落后地区的"铁军"，他们的故事像火种一样闪烁在西海固大地。

福建援宁挂职干部立下愚公移山志，一张蓝图绘到底，这种精神感动着宁夏干部群众，被评为"自治区60年感动宁夏人物"脱贫富民典型。2020年7月3日，闽宁对口扶贫协作援宁群体被中宣部授予"时代楷模"荣誉称号。

开启协作新篇

脱贫攻坚不脱贫不脱钩，东西协作不发展不脱钩。随着闽宁协作进入新阶段，更加聚焦难点问题，结对帮扶也将在不断创新中完善。

“人才和理念是未来闽宁协作的核心，一定要让贫困群众有脱贫的志气、能力。我们也要转变思路，把工作重点放在如何激发他们的斗志上，提振打赢脱贫攻坚战的内生动力。”陆菁说。

精准脱贫，关键是立足长远、授人以渔。多年来，福建援宁挂职干部坚持优势互补理念，把福建的技术优势与宁夏的物产优势相结合，把福建的资金优势与宁夏的区位优势相结合，推动闽宁协作向闽宁合作转变。

“营商环境很重要，政策落实、服务效率等都会对福建企业在宁夏的发展及扶贫实效产生影响，所以要把企业培育好。”福建援宁挂职干部、彭阳县县长助理连一洲说，“我们要更加努力奔走，加大落实两省区联席会议上制定的优惠政策力度，使更多福建企业在宁夏贫困地区落地生根。”

精准扶贫已进入攻坚期，一些福建援宁挂职干部表示，还须接力攻坚，誓拔西海固穷根。要在贫瘠的土地上砥砺奋进，提升攻坚克难的能力，更加有大局观和民生情怀，为闽宁协作再创新贡献智慧和力量。

看样本：闽宁镇

永宁县闽宁镇距离首府银川市50公里，曾是一片荒凉的戈壁滩。1996年，福建和宁夏两省区开展对口扶贫协作。20多年来，闽宁镇在扶贫开发中充分利用东部资源，以产业发展带动当地农民快速脱贫致富，创造了“干沙滩”变成“金沙滩”的奇迹。

王升是闽宁镇的第一批移民，1997年，在政府的组织下，他和乡亲们告别了祖祖辈辈生活的大山，在300多公里外的银川平原安家落户。

王升说：“当初这里的情况其实也不太好，用咱们老百姓的一句话说就是‘风吹沙子跑，天上无飞鸟’。其实就是奔着黄河水来的，这里是一片平原，心中真的是充满好奇。”

王升的家乡西吉县隶属于固原市，是西海固地区的核心区域之一。在政府和社会各界的倾力扶持下，搬出大山的移民怀揣着对美好生活的向往，白手起家，开始在这片土地上创造奇迹。

王升说：“主要就是引进企业、发展产业，实现项目扶持、产业扶贫。1996年以后，建立东西部协作扶贫机制以来，我记得最清楚的就是福建省派的扶贫工作队指导农民开展蘑菇种植，技术人员们整天奔波在咱们村，奔波在蘑菇棚之间，可以说手把手地来教。”

走进位于原隆村的光伏农业科技示范园，只见一座座大棚上覆盖光伏板，这一混搭的风格很有特点，也是因地制宜的一种创新模式。2014年，青岛昌盛日电太阳能科技股份有限公司在这里启动了产业扶贫项目，建设光伏产业园区，发展特色种植业、养殖业，吸纳当地村民就业。

华盛绿能宁夏农业科技有限公司负责人说："最直观的一个实惠就是我们在建这个园区的时候就流转了村民的土地，他们可以拿到一部分土地流转的费用；第二，我们建设了这么大一个农业园区，每年能提供很多的就业岗位，我们的村民还可以获得劳务务工收益；第三，公司是从青岛迁来，我们也想通过一些新兴的产业、一些新兴的园区发展模式，或者引进一些新的种植品种，来丰富我们当地的设施农业，对农民的技术等方面有一个提升。"

刘小耐是原隆村村民，2014年8月，她和丈夫带着一双儿女从固原市隆德县搬迁到这里。次年3月，她通过招工的方式进入园区，经过专业技术及生产经营等方面的培训后，成为园区的一名产业工人。

刘小耐说："现在这些都是高科技管理法，都不是人工的，都是全自动化电脑操作的。在这个阴阳棚里，打这些帘子啥的我通过手机就可以操作了。"

随着园区产业不断扩大，刘小耐因爱学习、能吃苦、管理经验丰富而得到认可，受聘成为光伏园区十几位用工管理员中的一位，她的家庭收入也从原来不足万元提高到10万元。

刘小耐说："生活比在老家时充实多了，有了稳定的工作收入，干活心情特别好。对未来满怀憧憬，我必须得学好技术，原先是靠体力干活挣钱，现在我要靠脑力挣钱，所以得学技术。"

受益于多层次、多形式、宽领域、全方位的东西部扶贫协作，闽宁镇目前已形成种植、养殖、劳务、光伏、旅游五大产业，在戈壁荒滩上构筑起了移民生态绿色新家园。

看变化：新镇移民

闽宁镇移民的新生活

从隆德县大麦沟村举家搬迁到银川市永宁县闽宁镇，刘莉觉得是“打开人生的另一扇门”，整个人、整个家庭都焕然一新。她不仅实现了自己的心愿，还收获了一个接一个的“想不到”：拥有私家车，当上生产主管，一周多前第一次出差西安，参加全国妇女联合会组织的培训，与各界优秀妇女一起学习、交流。

对生活了10多年的隆德县大麦沟村，刘莉最深的印象是缺水。

大麦沟村三里外崖下有口泉，每天凌晨3点，村里人轮流去打水，半小时才能攒一桶水。

一个下雨的早上，刘莉打完水，走到半道脚一滑跌倒，水桶滚到了沟下。那时候，刘莉有两个愿望：打水不再那么费劲，孩子上学不用走十几里山路。

2013年8月，她的愿望终于实现了。刘莉和大麦沟全村100多人一起搬迁到闽宁镇原隆村。政府给每户移民统一盖了两间宽敞明亮的砖瓦房，全部通上自来水。拧开水龙头，清水哗哗流，在饱受缺水之苦的刘莉听来，这就是最动听的音乐。

“搬迁前，喝的水都不够，哪能讲究干净。”刘莉感慨。

刘莉的女儿在老家上的小学，学校离家有十多里山路，上学快走也要近两个小时。现在，从新家到学校，都是马路。

在老家时，女儿的课外书只有一本《新华字典》。刘莉说："山里没条件，买学习用具都是凑合。"现在，家里也有了书架，姐弟俩每人一张写字桌。

比女儿小6岁的儿子很喜欢原隆小学图书馆里的书，经常看，学电脑、玩游戏，也比姐姐学得快，回家会按老师的要求和妈妈说英语。

2015年冬天，刘莉家花7万多元买了辆小轿车，周末一家人会开车购物、探望老人或全家旅游。回想起刚嫁到大麦沟村时两口子回娘家为省8元车费爬40多公里山路的情景，她说"恍如隔世"。

从深山里搬迁出来，比土坯房换砖瓦房更深刻的变化，是刘莉的成长。

刘莉特别珍惜"拧开水龙头自来水哗哗流"的日子，全身心地投入、创造新的生活。安顿好新家的次日，她就坐上街上招短工的中巴车去种树。一天下来挣了80元工钱，买了菜和馍馍，还剩60元钱。"能挣钱，心里一下就踏实了。"刘莉说。

2014年底，刘莉到离家不远的一家酒庄做操作工，不管啥技术，教一遍就学会。一年后，她成为班长。"我没有文凭，只有虚心学习、认真负责的心态。"这种心态，使高中没毕业的刘莉很快掌握了葡萄酒种植酿造的全部工艺流程，也赢得了酒庄高层的信任，被提拔为生产主管。

仅4年时间，刘莉脱胎换骨。前不久接受记者采访时，她表现得大方得体、思路清晰，说起酒庄生产管理头头是道，看不出西海固深山农妇的影子。

“搬迁前，村里妇女常闲坐聊天，大家都很迷茫，不知道干什么能改变自己的生活，慢慢人就萎靡了。”回忆过去，刘莉感触很深，“自己努力，别人才能帮上你，自己没本事，谁也背不动你。”如今，有十几位一起移民的姐妹在同一家酒庄打工，她们觉得这个世界上没有应该的事，只有付出才会有收获，有收获更要感恩。

刘莉特别感谢党中央的精准扶贫政策，她的人生转折以及闽宁镇的发展，正是脱贫攻坚的一个缩影。

闽宁镇政府相关部门负责人说：“在自然条件恶劣的地方，人们无法靠自己的努力克服生存条件障碍，只要能生存就行了，生活目标很低。这个时候，党和政府组织他们移民扶贫，就是靠国家的力量改变了他们的生存环境。当他们通过努力改变自己的生活时，从内到外，什么都被改变了。”

“我们‘80后’的日子比‘60后’‘70后’好多了，只要努力，下一代会更好。”刘莉对未来充满信心。

东西部协作，穷山村“吊”出山沟沟

在宁夏，把贫困地区群众跨区域搬迁称之为“吊庄移民”，有将村庄直接“吊”过来的意思。1997年，在福建援助资金的支持下，“吊庄”闽宁村正式奠基，第一批移民从西海固地区搬出，来到这个更具发展前景的“吊庄”。

闽宁镇福宁村村民苏玉莲一家1997年从固原市西吉县偏城乡搬

迁而来，见证了闽宁村首批移民搬迁和闽宁镇发展全过程。

“老家十年九旱，庄稼没什么收成，吃水是大难题，我们在大山沟沟里都快苦死了，听说政府组织移民，赶快就来了。”苏玉莲说，“刚搬到闽宁村时，这里还在建设，看起来就像一片‘干沙滩’，盖座土坯房还得把老家的旧房子拆掉，把杨木椽子拉来用。”

和所有“吊庄”一样，闽宁村奠基之初，基础设施尚在建设完善之中，移民们在政府帮助下，于这片贺兰山洪积平原上白手起家，经过多年发展，昔日的闽宁村逐步发展成为如今常住人口达6万余人的闽宁镇。

搬出大山并不意味着脱贫，但为接近“产业”这把脱贫金钥匙提供了极大便利。闽宁镇20多年的发展经验，就是一本产业脱贫的教科书。

以光伏农业为例，2014年，青岛昌盛日电太阳能科技股份有限公司的光伏农业项目入驻永宁县闽宁镇原隆村。该项目从三个方面增加了村民收入。首先，政府组织村民将土地统一流转给昌盛公司，公司给予农户连续30年的土地流转费用；其次，政府整合扶贫资金，与企业合作建设光伏大棚并交由公司经营，公司则连续三年给予贫困户每户每年1万元的经营分红；另外，公司负责农产品销售，提供技能培训、劳动岗位，贫困群众每人每年可增加打工收入2万元左右，当其掌握生产技能后还可承包大棚。

原隆村村民万军红2014年开始在青岛昌盛日电太阳能科技股份有限公司的蘑菇种植光伏大棚里打工。2016年9月，已经掌握蘑菇种植技术的万军红直接将一座大棚承包下来自己种。“根据种植情况，收入不成问题。”万军红说。

2016年7月，习近平总书记在闽宁镇原隆村考察时指出，当地企业在加快自身发展的同时，也要在产业扶贫过程中发挥好推动作用，先富帮后富，实现共同富裕。

习近平总书记的嘱托声声在耳。原隆村已经形成了劳务输出、葡萄种植、光伏农业、肉牛养殖、红树莓种植、光伏发电为主的六大产业增收渠道。

放眼整个闽宁镇，一个脱贫产业群正在形成：晓鸣农牧智慧农业项目加快推进；江苏振发公司原隆村2000户光伏扶贫项目正在实施；总投资20亿元的比亚迪银川新能源产业园项目落户闽宁产业城；山东东阿集团闽宁镇万头黑毛驴养殖基地开工建设……

看模式：造血式扶贫

闽宁村奠基之初，基础设施尚在建设完善之中，移民们在政府帮助下，经过20多年发展，如今，当地民房错落有致，街道规整洁净，学校、卫生所、文化活动中心、金融网点等设施一应俱全。

闽宁携手助推民众搬出大山

“第一批坐班车来的老百姓，下车一看是个黄沙漫漫的‘烂地方’，有的直接返回老家了。”村民谢兴昌说。他当时不信这地方还不如山沟沟，于是搬迁前他到此做了一番考察，发现离闽宁村3公里的地方是种粮的玉泉营农场，“闽宁村日后肯定是个好地方。”于是他到农场掰了4个玉米棒子、4个高粱穗子，回老家劝说不愿搬迁的老百姓。

多年来吊庄移民陆续进行着，由于闽宁镇接纳的都是宁夏最贫苦地区的群众，当地的扶贫任务也远比永宁县其他乡镇艰巨。尽管经过10余年发展，但2014年永宁县人民政府进一步对全县贫困状况进行摸底时，梳理出的1623户建档立卡贫困户中有1539户集中在闽宁镇。群众搬来后，“吊庄”如何发展一直是摆在宁夏、福建两地政府眼前的问题。

激活扶贫内生造血功能

闽宁镇在发展和扶贫工作中，既有效运用了福建资金、技术、理念、人才等资源，也着重发挥政府引导作用，让企业成为产业扶贫主体，将贫困地区闲置或低效利用的生产要素纳入产业链条，建立了可持续的造血式扶贫模式。

闽宁镇脱贫攻坚过程中，福建、宁夏两省区长久而深入的合作机制起到了重要作用，福建省通过资金支持、产业协作、干部挂职帮扶等措施，给予当地发展有效支持。2016年，福建省捐助3000万元支持闽宁镇建设学校等公共服务设施，福建省为当地提供的菌草种植等技术培训加快了闽宁镇农民由务工者向创业者角色的转变，福建来宁挂职干部协助闽宁镇引进5家福建企业助力当地产业发展。这些措施为闽宁镇发展提供了强大助力。

在激活内生发展动力方面，永宁县整合各级项目资金，在闽宁镇实施产业发展、节水灌溉、道路畅通、美丽乡村等项目，补齐当地基础设施建设短板，并推进葡萄和红树莓种植、肉牛养殖、劳务输出、光伏等产业发展，以产业反哺、带动农民脱贫增收。其中，发展光伏产业带动农户尤其是贫困户脱贫，实现了经济、社会效益双赢。

青岛昌盛日电太阳能科技股份有限公司的光伏农业项目由设施大棚和棚顶光伏发电两部分组成，其中一期项目发电总功率30兆瓦，含光伏大棚588栋，已并网发电、投产。项目负责人表示："这种扶贫模式也有利于企业自身发展。政府组织村民流转土地、就近打工，解决了企业最紧缺的土地和劳动力问题，而企业获利后又可反哺当地农民，实现了双赢。"

"未来，昌盛日电将更多地引导东部的优秀企业到宁夏发展，如蔬菜出口企业、花卉企业，这样闽宁协作项目的销售模式、经营模式将会发生翻天覆地的变化，也能更好地带动脱贫。"昌盛日电太阳能科技股份有限公司董事长助理、青岛农湾孵化器有限公司总经理隋海周说。

昔日荒滩成现代城镇

除了光伏大棚项目，当地政府还与宁夏壹泰牧业有限公司、江苏振发能源集团等企业合作，采取"政府搭台、企业唱戏、农户受益"的扶贫方式，以发展高端肉牛养殖、光伏发电等产业引导企业参与扶贫，最终达到企业和农户共同受益。此外，闽宁镇大力发展的红树莓种植、纺织等劳动密集型产业，也解决了当地群众就近务工的问题，为贫困户种上了“铁杆庄稼”。

在众多产业和企业带动下，闽宁镇贫困户增收效果较为明显。村民苏虎奎是闽宁镇原隆村建档立卡贫困户，在闽宁镇扶贫政策照顾下，苏虎奎免费参加了养牛技能培训，被就近安置在壹泰牧业肉牛养殖基地工作。

“我每年有工资收入，借着政府在镇上发展产业的机会，我入股托管了4头基础母牛，年底能分红。政府回购光伏大棚、光伏小镇发电项目，我又享受年底2万元的分红，此外还有土地流转收入、屋顶太阳能发电收入，再加上低保金和父母的养老金、高龄补贴等等，脱贫很有指望。”苏虎奎说。

如今统一规划建设的民房宽敞明亮，家中用水、用电方便，家具、电器也比较齐全，一些曾经的贫困户甚至已买上汽车，村民的生活环境、生活水平和县城的差距正逐步缩小。

“群众全部脱贫后我们的工作并不会停止，现行一系列扶贫政策也将延续，同时我们还将进行‘回头看’工作，让脱贫攻坚成果得以巩固，取得实实在在的效果。”永宁县扶贫办工作人员说。

企业负责人们也表示，作为闽宁协作的重要主体，企业在扶贫方面有着长期义不容辞的责任。下一步，企业将在贫困地区把扶贫模式做深做透，为打赢脱贫攻坚战贡献力量。

回首20多年来闽宁镇跨越式发展的成就，闽宁协作双方更多地开始思考，如何以企业为龙头，做大做强产业，延伸产业链、提高附加值，实现三产深度融合。这也是全国扶贫事业面临的课题。

看协作：包机外出务工

“2020年春节后，在家门口找工作相对往年困难，工资也没有沿海地区高。听说在政府协调下可以到福建务工，并且安排飞机集中前往，我便报了名。”固原市西吉县吉强镇建档立卡户郭世杰说。

受新冠肺炎疫情影响，固原市部分农村劳动力外出务工遇到暂时困难。对此，固原市依托闽宁劳务协作加强与福建省的沟通，2月27日下午，固原市第一批142名务工人员乘坐包机集中前往福建省福州市、莆田市。28日，固原市第二批173名务工人员乘包机集中前往福建省。

固原市是西海固核心区，劳务产业是当地的支柱产业，固原市每年农村劳动力转移就业30万人以上，连续三年劳务工资性收入超过65亿元，农民人均转移就业收入占农民人均可支配收入的40%以上。近年来，在闽宁协作对口帮扶下，固原市“内引外联”，除了吸引福建企业来固原市投资、建设扶贫车间，还鼓励当地农民到福建务工增加收入。2016年以来，固原市赴福建省务工人员年均增速超过10%。2019年，固原市有组织地向福建省转移农村劳动力近3000人。

固原市劳动就业局相关领导说：“分两批前往福建的300多名务工人员中，90%是建档立卡户，在新冠肺炎疫情下，包机集中输送务工人员能够有效降低感染风险，让他们尽快上岗、尽快增收。”此外，每名务工人员还购买了政府补贴70%保费的“铁杆庄稼保”，以免除他们外出务工的后顾之忧。

在同心：闽宁“同心”

枸杞、八宝茶、小杂粮……同心县“大美同心”消费扶贫电商平台展销中心，各类农特产品包装精美。这个2019年11月新成立的电商平台，已引进同心县30家龙头企业、合作社入驻，累计接到了6万余笔订单。

优质农产品如何卖出去，是贫困地区产业发展面临的难题。“农村物流等基础设施薄弱，好的农产品没销路，老百姓得不到更多实惠。”来三斤（同心县）网络科技有限公司总经理马晓峰说。

来自2000多公里外的福建省吹来了“东风”，助推同心县搭上了农村传统市场转型升级的“高速列车”。2019年厦门“来三斤”电商平台在同心县成立分公司，搭建“大美同心”消费扶贫平台，同心县185款名优农旅特色产品上架，聚集效应正在显现。

“我们最终要做的，就是把互联网带进农村，把农村带进互联网，让农民成为平台的最大受益者。”马晓峰说。公司还建设了县、乡、村三级服务门店模式，构成线上线下一体化的新零售运营模式，目前已辐射10个乡镇38个村。

在电商平台成立前，福建援宁同心工作组还引进公司在以福建泉州、湖北武汉为主的南方地区设立100～150家牛肉、羊肉销售窗口，推广同心牛肉、羊肉，福建泉州市永春县旅游集散中心还开设了同心县土特产营销中心和土特产馆。2019年通过闽宁协作

新华社记者 张晨岑 / 摄

渠道，共帮助同心县销售牛肉、羊肉、生态鸡、同心圆枣等农特产2500万元。

福建省泉州市永春县挂职同心县委常委、副县长郑永璘说：“福建援宁同心工作组坚持将推进产业发展和加强深度合作作为落实闽宁协作对口帮扶的主要抓手，在转变帮扶思路、创新帮扶举措等方面持续发力，充分发挥闽宁协作渠道优势，创新消费扶贫帮扶模式。有了‘大美同心’平台，2020年我们要帮助销售同心农特产品2亿元。”

近年来，闽宁帮扶同心累计实施项目62个，落实帮扶资金1.16亿元，12个乡镇、16个贫困村与永春县乡镇村签订了对口帮扶协议。一个个项目落地，一栋栋扶贫车间建起，闽宁对口扶贫协作的效果逐渐显现，发展后劲强劲。

闽宁协作筑巢引凤，越来越多人才“活水”涌入乡村。28岁的返乡大学生马彦伏在“大美同心”负责网络运营，2015年他和几个小伙伴从北京回到宁夏创业，但因缺乏资金失败。“大美同心”成立后，心灰意冷的他们重燃梦想：“这个机会不可错过，乡村电商刚刚起步，有广阔的发展前景，我想把家乡的农产品卖到更远的地方去。”

在西吉：跨越2000余公里

走进西吉县偏城乡涵江村，一栋栋红瓦白墙的砖房分布在青山脚下，平坦的水泥路通到了家家户户门口。

涵江村原名“烂泥滩村”，这里曾经村落破旧、道路泥泞，产业发展也十分落后，是偏城乡远近闻名的贫困村。短短几年时间，烂泥滩村发生“蝶变”，一跃成为偏城乡的相对富裕村。

这些变化离不开来自2000余公里之外的援助之手。“闽宁协作为我们村的发展提供了机遇。”涵江村驻村第一书记秦振邦说。2017年起，福建省莆田市涵江区对口帮扶烂泥滩村，持续的扶贫协作，助力烂泥滩村走上蜕变之路。

西吉县是西海固地区最贫瘠的县区之一，全县共有贫困村238个，占宁夏贫困村总数的五分之一，全县建档立卡贫困人口15.5万人，占固原市的近40%。贫困程度之深，贫困面积之大，西吉的脱贫需要超常规的手段，需要全方位的帮扶。1997年以来，莆田市和西吉县开启了一场跨越山海的东西部扶贫协作“接力长跑”，源源不断的海风和温暖吹向西吉。

借助闽宁协作，涵江村建起了扶贫车间、菊芋种植扶贫基地等，为村民致富搭建了桥梁，占地4200平方米的村级综合服务中心极大地方便了村民办事。为感谢涵江区的帮扶，2018年初烂泥滩村正式更名为“涵江村”。

涵江村是闽宁协作的一个缩影。30多年来，莆田市在西吉县累计投入各类资金3亿多元，建设闽宁示范村15个、扶贫车间74家。2012年建成的西吉工业园区，成为宁夏首个“闽宁产业园”，入园企业20家，2019年实现工业总产值2.89亿元，为西吉经济增长带来强劲动力。

现在涵江村借助小额扶贫信贷发展养牛产业，全村牛存栏量从2016年的80余头增长到现在的840多头，年人均可支配收入从2800多元增长到2019年底的近1万元。“2019年我养牛挣了8万元，媳妇在村里的扶贫车间打工每个月有1200元的工资，2020年我家脱贫了。”苏维俊高兴地说。

涵江村有片“乡愁园”，是一片20世纪90年代废弃的房屋群落，屋前长满了荨麻等野草，说明这里已鲜有人踏足，而不远处就是一片新居。苏维俊说：“这几年的变化太大了，现在出门再也不怕别人问我是哪个村的了，心里特别自豪。”

第三章

易地搬迁：搬出幸福新生活

易地扶贫搬迁是一项民生工程、富民工程，更是一项社会工程，其目的是通过“挪穷窝”“换穷业”“拔穷根”，进而实现脱贫目标。易地扶贫搬迁是脱贫攻坚战的一块“硬骨头”，宁夏始终将易地扶贫搬迁作为一项重要的反贫困战略来抓，在时间紧、任务重、难点多、范围广、责任大的情况下，如何高质量完成易地扶贫搬迁的各项任务尤为重要，宁夏给出了答案。

1 始终确保搬得出、搬得好

习近平总书记强调，易地扶贫搬迁是一项复杂的系统工程，政策性强、难度大，要做好规划，落实资金和政策，保障搬迁人口有稳定收入，保障与当地群众享有相同的基本公共服务，确保“搬得出、稳得住、能致富”。一直以来，宁夏认真贯彻落实党中央、国务院决策部署，精准施策，合力攻坚，持续深入推进易地扶贫搬迁安置和后续扶持各项工作。

一方面，由于自然、历史等多种因素制约，宁夏中南部地区生态环境脆弱，经济发展滞后，是全国14个集中连片特困地区中贫困面最广、贫困程度最深、解决难度最大的地区之一，贫困问题已成为建设开放、富裕、和谐、美丽新宁夏的短板。另一方面，群众有搬迁意愿。易地扶贫搬迁工程的实施，有效改善了移民的生产生活条件，加快了脱贫致富步伐，给未搬迁群众起到了很好的示范作用。

采取山区与川区结合、城镇与农村结合、集中与插花结合、政府组织与市场化推动结合等多种途径，创新移民安置方式，在全区范围内对移民进行安置。

县（区）内就近安置。在山区各县（区）行政区范围内，将生存条件恶劣、居住过于分散、公共设施建设运行成本过高的贫困自然村的部分群众，结合整村推进、美丽乡村建设，依托中心村、乡村旅游区，就近建设移民安置点搬迁安置。每个安置点原则上不少于20户。政府配套建设饮水、道路、防洪、排水等基础设施，就近扩建教育、卫生等公共设施，改善贫困群众的生产生活条件。

劳务移民安置。依托沿黄城市带、清水河城镇产业带、重点城镇、工业园区、产业基地以及山区大县城，新建或回购符合标准的现有存量商品住房，安置有就业意愿、具有一定就业创业技能的移民。政府负责协调和督促用人单位与移民签订劳动合同、办理社会保险登记和关系转移接续，协调签订住房合同，为稳定居住就业和增收创造条件。强化技能培训，做好就业服务和岗位对接，实现部分移民到企业稳定就业；鼓励有条件的移民自主创业；政府购买公益性岗位安排符合条件的劳务移民就业。

小规模开发土地安置。在有水土资源条件的县（区），通过挖掘潜力，小规模开发部分土地，或利用现有国家、集体耕地资源，安置少量移民。

农村插花安置。在有条件的县（区），由安置县（区）政府采取统一收储、统一整修、统一编号、统一评估、统一公证的办法，回购当地农民进城后闲置在农村的房屋和土地，安置少量移民。

同时，宁夏积极探索市场化安置方式，支持具有一定创业技能、商贸经营能力的建档立卡搬迁对象投亲靠友、自主创业就业、自主购房置业。安置地县级政府参照相应的安置方式和投资标准，在住房、技能培训、社会保障、户籍转移等方面给予支持。

2 始终确保服务好、保障全

易地搬迁是解决一方水土养不好一方人、实现贫困群众跨越式发展的根本途径，也是打赢脱贫攻坚战的重要途径。

西海固地区的贫困问题由来已久，宁夏始终将易地扶贫搬迁作为一项重要的反贫困战略来抓。1983年至1993年，宁夏在第一个“三西”农业建设十年期间利用易地扶贫开发解决贫困问题取得巨大成功。2010年，党和国家领导人先后到宁夏视察时均作出重要指示，要求宁夏把易地扶贫搬迁这件民生大事办好，中央各部门也给予了支持。由此，宁夏加大了易地扶贫搬迁工作力度，成立了易地扶贫搬迁领导小组和办公室专门负责易地扶贫搬迁具体工作。2011年2月，宁夏设立了移民局，后根据工作需要又将移民局并入宁夏回族自治区扶贫办。通过党政领导亲自抓，任务层层分解，落实到乡、村，形成了“政府主导、部门协同、群众支持、群策群力”的良好工作机制，为顺利推进易地扶贫搬迁提供了强有力的组织保障。

易地扶贫搬迁是一项复杂的系统工程，涉及的利益相关者较多，而可以利用的资源有限，要完成的任务又是艰巨的。因而必须把有限的资源与阶段性目标结合起来，科学合理布局，搞好顶层设计，制定好高起点规划，建设好高标准的基础设施，力争效益最大化。从宏观上来看，从既有的水、土、资金、技术等因素着手，选择近水、沿路、靠城等易发展区域对移民点进行合理布局。从微观上来看，在建设移民新村过程中，把移民的生产与生活结合起来，把社区发展的基础设施、公益事业与社会事业结合起来。同时，依据资源条件认真确定项目区，严格按照规划设计要求审定项目区建设方案。易地扶贫搬迁顶层设计的水平是在环境不断变迁、目标日益高端和综合化的前提下，在实践过程中逐步提高的。目前，宁夏已经形成了一支高水平的易地扶贫搬迁管理队伍和研究队伍。

政策是党和事业发展的生命线，也是做好各项工作的关键。宁夏的易地扶贫搬迁经历了从单一政策到复合政策，再到全面政策的变化过程，同时，政策水平也是在实践过程中不断提高的。在1983年易地扶贫搬迁工作刚刚启动时，为了调动广大群众的积极性，政府采取了相对宽松的“两头有家两头跑”的政策；到了“十二五”时期，为了实现移民“搬得出、稳得住、能致富”的目标，政府制定并实施了一系列的保障政策，进一步完善了移民政策保障体系，有力推进了易地扶贫搬迁工程的顺利实施。

3 始终确保稳得住、收益多

易地扶贫搬迁必须把相对分散但又与易地扶贫搬迁发展有关的各种资源——资金、自然资源、劳动力、技术等整合起来，才能发挥应有的效应。宁夏按照“统一规划，统一安排，渠道不乱，用途不变，各建其账，各记其功”的原则，整合资金，加大基础设施建设投入。同时，充分发挥县（区）内易地扶贫搬迁建设的主导作用，采取财政专列、社会投资、农民自筹等办法，解决移民社区建设资金不足的问题。

易地扶贫搬迁之所以能够顺利进行，一个重要的原因就是不断协调易地扶贫搬迁的迁入地与迁出地的关系，无论是跨县际的搬迁还是县域内的搬迁都是如此。特别是在市场经济条件下，资源的稀缺性与重要性日益显现，协调迁入地和迁出地区域关系是做好易地扶贫搬迁工作的关键。一方面，由于易地扶贫搬迁是富民工程、

新华社记者　刘泉龙 / 摄

惠农工程，也是民生工程，宁夏回族自治区人民政府特别强调易地扶贫搬迁工作的政治性与政策性，因而得到了两地政府，特别是迁入地政府的支持。另一方面，为了加快两地区域协调发展步伐，宁夏回族自治区人民政府也在一定程度上给予了迁入地政府极大的支持。例如，易地扶贫搬迁新村严格按照新农村的建设标准建设，在后续发展中给予特色产业更多的政策支持。

因地制宜发展特色产业，有效增加移民收入，是易地扶贫搬迁实现可持续发展的关键。一是根据水土资源状况和移民已有传统优势，在南部山区发展特色种植业、养殖业，包括冷凉蔬菜、特色杂粮等；二是根据区位条件和市场条件，在北部川区和城郊发展设施农业，发展肉牛、肉羊育肥和肉类加工等；三是根据宁夏特有的区域优势，在宁夏中部干旱带发展枸杞、酿酒葡萄、高酸苹果、硒砂瓜等产业；四是根据劳动力优势，引导移民进城、进园、进厂从事第二、第三产业，发展劳务产业。

4 始终确保出路多、发展快

自易地扶贫搬迁工作开启之时，宁夏就把不断提高移民素质作为工作的重中之重来抓。移民的综合素质包括的内容很多，其中最为重要的是文化素质、技术素质及社会适应能力。在整个易地扶贫搬迁进程中，宁夏始终把教育放在第一位。随着移民文化素质的提高，他们理解政策的能力也在不断提高，为自身发展和社区健康发展奠定了良好基础。加强对移民的劳动技能培训，特别是加大对非农劳动技能培训的投入力度，适应了移民收入主要来源为非农来源的需求。另外，还加大了对移民社会适应能力的培训力度。比如，为了适应当地气候条件，加强农业技术培训；为了适应市场经济发展的需求，加强对农民市场经济理论的培训；为了适应环境发展的需要，加强对移民运用法律手段维护自身利益的培训。

宁夏始终把移民社区的健康长效发展作为首要任务来抓，并逐步形成了一套完整的思路。第一，加强社区组织建设。在充分发挥村（居）民自治作用、选举德才兼备干部的基础上，提升村级组织的工作能力和发展动力。近期又在社区委派了“第一书记”，以加强和改进群众思想工作，为建设社会主义新农村与和谐社会奠定了良好基础。第二，加强群众生活性基础设施投入。第三，加强群众生产性基础设施建设。为易地扶贫搬迁户提供一定数量的、已经平整了的土地，或者提供一定数量的设施大棚，并配备相应的农田水利基础设施。第四，加强社区社会性基础设施建设。易地扶贫搬迁新村均配套建设了小学、幼儿园、医疗室、村部和商业网点，采取了污水集中排放、垃圾集中转运处理等措施。

5 始终确保能融入、生活好

宁夏在易地扶贫搬迁实践中，因地制宜，讲求实效，不搞一刀切，根据迁出地、迁入地的资源和环境条件，合理确定易地扶贫搬迁的发展模式。在安置模式方面，从最初的县外移民发展到目前的县内、县外并举，从以土地安置为主的易地扶贫搬迁基础上又创新了以提供就业为主的劳务移民模式，从分批搬迁发展到整村搬迁又出现了新式的插花移民模式；在管理模式方面，由异地管理到属地管理，再到中和管理；在发展模式方面，形成了单一的农业模式、工业模式以及城郊型的综合发展模式，同时还形成了合作模式，包括东西部政府合作模式、东西部政府与企业合作模式等。总之，宁夏的易地扶贫搬迁模式已呈现出多样性特征。这些模式的创建是随着易地扶贫搬迁环境的变化而不断进行创新的结果。

在民族地区，区域协调发展的一个重要内涵就是加强民族团结。宁夏南部山区是我国生态环境最为脆弱的地区之一，也是我国回族群众主要聚居地之一。在易地扶贫搬迁进程中，宁夏采取适度集中与嵌入式安置相结合的方式，既有利于各族群众的生产生活，又有利于实现民族和睦相处、加强民族团结。

易地扶贫搬迁单靠政府力量是远远不够的，还必须动员一切社会力量。一方面，继续发展社会各界捐钱捐物的传统扶贫模式，给搬迁群众提供一定的帮助。另一方面，有效组织非政府部门积极参与。各市、县（区）以推进移民工作为目标，结合工程建设和产业发展需要，积极沟通联系、牵线搭桥、推介项目，协调、引导企事业单位、社会团体参与易地扶贫搬迁。其主要参与方式为支持产业发展、捐建社会公益事业、接纳劳务移民等。

看成效：将易地扶贫搬迁作为“拔穷根”举措

易地扶贫搬迁减少了迁出地的人口数量，减轻了人口对土地的压力，缓解了人地矛盾，提高了土地承载能力；使生态环境脆弱地区的环境得到了保护，实现了人口、资源、环境的良性循环；积累了一定数量的扶贫资金，减轻了迁出地的扶贫压力，也为宁夏南部山区的扶贫开发提供了有效支持。

易地扶贫搬迁不仅有效改善了搬迁群众的生存环境和发展环境，而且增强了他们的可持续发展能力。搬迁群众由以种植业为主的传统发展方式转变为兼业乃至多业经营的现代发展方式，脱贫致富的门路不断拓宽；政府鼓励搬迁群众努力适应当地的发展环境，积极寻求发展机遇，有计划、有步骤地加大培训力度，提高搬迁群众的劳动技能和科技素质；群众的精神面貌发生巨大改变，自我发展的动力不断增强。

易地扶贫搬迁社区的基础设施建设日臻完善，为社区发展奠定了良好基础；社会保障日益增强，不仅将贫困群众纳入低保范畴，还鼓励群众积极参加城乡统筹的社会保险；社会管理服务水平显著提高，一站式服务大厅提高了办事效率，方便了群众，融洽了干群关系，促进了和谐社区的建设。

提高资源综合利用效率是实施易地扶贫搬迁、促进区域协调发展的关键。易地扶贫搬迁开发了迁入地的土地资源，也为宁南山区富余劳动力转移提供了契机，创造了更多的发展机遇。同时，以就业安置为主和以开发利用土地为主的移民社区建设，都加快了城镇化发展步伐。2015年，易地扶贫搬迁社区农村居民人均可支配收入已经高于迁出地或与之持平。

宁南山区是宁夏易地扶贫搬迁的主要迁出地，也是回族聚居区，回族群众占易地扶贫搬迁人口的50%以上。通过搬迁，各族群众的住房条件、生产生活条件、子女受教育条件、医疗条件等都得到了较大改善。易地扶贫搬迁进一步推动了各民族共同繁荣，维护了社会稳定。

看变化：勾勒富民新图景

一条条通村的硬化路，一座座漂亮的小庭院，一项项谋生的新本领，一张张脸上的精气神……这是宁夏持续30余载的“扶贫接力”带给西海固移民的获得感。

自20世纪80年代开始，宁夏各级党委、政府一任接着一任干，始终将易地扶贫搬迁作为“拔穷根”举措；移民群众转观念，用实干、苦干换得幸福新生活。

迁离贫困迎希望

固原市西吉县白崖乡半子沟旁，两座山蜿蜒着伸向远方，300多户农民祖祖辈辈生活在以沟命名的小山村。2017年，这个村搬迁至400公里外的银川市金凤区。

不少村民像渴望一场透雨一样，渴望着迁离大山。“那里地平，路也平；房子建得好，离城近；附近就有学校，娃娃不用起早赶路上学。”半子沟村村民马国权说。

宁夏历届党委、政府立足区情，始终将易地搬迁作为“拔穷根”举措持续推进，这也成就了宁夏扶贫的壮举：早在1983年，宁夏在全国率先吊庄移民；23万西海固群众陆续在红寺堡区扎根，开发出我国最大的生态移民区；全区累计移民123万人。

从西海固到米粮川，贫困群众舍弃世居之地，离开山大沟深、干旱少雨的老家，陆续迁移到“城近、路便、有水”的新居，移出了一条条幸福路。

从风吹沙石跑的荒滩到远近闻名的特色小镇，永宁县闽宁镇累计移民超过6万人。谢兴昌自20多年前移民到这里，已换房3次：从地窨子到土坯房到砖瓦房，再到有小庭院的平房。“在老家是没希望的苦，一场干旱就让辛苦白费，在这儿是有希望的苦，努力就会有回报。”谢兴昌说。

各自忙活新营生

近年来，宁夏各地纷纷定方向、给政策、投资金，培育移民村的产业。如今，固原市原州区冷凉蔬菜已成规模；银川市月牙湖乡建成奶牛养殖、红树莓种植基地；吴忠市同心县打造枸杞产销链条……

移民的生产生活随之有了新变化。从靠打工到学种菜，从下苦力到拼技能，从老农民到新工人，移民找到了安身立命的方向。

马环是原州区头营镇利民村的种棚能手。走进他家，院子里的新商务车后两排却没座椅，这很令人好奇。马环解释说：“卸掉座椅可以拉更多的菜去批发市场，每趟至少多赚200元。”

马环的老家是个叫臭水沟村的地方，条件可想而知。自移民到新家后，马环仍靠木工赚钱，干半年歇半年。2013年后他才尝试种

新华社记者　王鹏 / 摄

了一季拱棚，2016年发展到4座大棚种西红柿，再收点村民的菜去卖，一年收入五六万元。

在新村挣钱的营生多，生活有了更多可能。吴忠市利通区扁担沟镇同利村妇女虎银霞2016年在村干部劝说下试着参加了企业定岗培训。令她没想到的是，免费培训半个月，到工厂实习每月能拿2000多元，现在涨到近4000元。

移出奋发精气神

移民不只是让贫困百姓吃饱穿暖，而是让其持续发展。同心县脱贫攻坚督导马希丰说："把分散的一家一户集中到移民村，村里有了人气，移民有了目标，氛围也随之改变。"

"在山里，大家各过各的，而移民后住得近，大家比着发展。"同心县石狮镇惠安村移民马全华说。如今60多岁的他除了养牛，还坚持就近打工。他家宽敞的客厅带着淋浴间，厨房和餐厅分区，整体橱柜、电器齐备，与城里人的生活并无两样。

马全华的大儿子马如存2012年移民到了吴忠市利通区五里坡村，开车跑运输，干劲十足。"我2014年首付9万元买了一辆35万元的大货车，每月还贷8000～10000元，2017年8月贷款还完，就等于挣下一辆车。"马如存说。

随着观念改变，移民也有了不满足于现状、不断追求新目标的精气神。原州区利民新村的移民马占荣给自己定下新目标："党的政策好，自己也要加把劲。2017年盖了大牛棚、学了新技术，把日子过得更好了。"

在红寺堡区：吾心安处是故乡

吴忠市红寺堡区地处宁夏中部，曾是一片生态脆弱、人迹罕至的荒漠。20年来，在不断破解生态建设与大规模移民之间的矛盾中，干涸的黄土地不仅被改造成绿洲，红寺堡也变身为我国最大易地生态移民集中安置区。

告别荒山秃岭不是梦。在红寺堡城北，一道10万亩的生态屏障巍然挺立，顽强阻隔着风沙侵蚀。来到绿树成荫的生态公园，郁郁葱葱的林带向远方延伸，400多亩的紫光湖波光潋滟，不时传来喜鹊的叫声。

20多年前，这里年降水量不足300毫米，戈壁沙丘纵横。1998年以来，随着黄河水淌进这片沉睡的土地，宁夏南部山区23万群众陆续迁移至此。

在梁宝银心里，最初的红寺堡并不像家。“刚来的时候，这里是不毛之地，连只麻雀都难找到，每年沙尘暴达20多次，真的是‘一碗面里半碗沙’。”这位从事生态建设近20年的林业人回忆说。

虽有了黄河水的滋养，但当初的苦，就连从西海固地区搬迁而来的部分移民也想逃离。

以生态立区为发展目标，红寺堡大力推进灌区绿化，加快构筑绿色屏障。“老百姓也认识到生态的重要性，种树积极性很高。”梁宝银说，“看着树苗长大、成林，很多移民打消了逃离的念头。”

“这里种活一棵树很不容易。”红寺堡区委书记丁建成说，“但我们坚持不懈，2010年以来年均投入过亿元作为林业建设资金，小环境越来越美。”

“这搭儿柳丝柔柔荡，那厢里春燕剪双双。”20多年来，红寺堡人累计造林124万亩，城市绿化率、绿化覆盖率、城区人均公共绿地分别达到35%、39%和27.5平方米。崛起的绿色新城，不仅是移民的骄傲，更是可以安放内心的故乡。

戈壁滩上绽放蕊红花。走在罗山脚下，眼前平畴沃野，阡陌纵横的葡萄架令人心旷神怡。为破解扬黄灌溉土地、水资源有限的束缚，红寺堡大力发展以葡萄种植为主的高效节水产业，不仅扮靓了红寺堡的土地，也撑起了群众致富的希望。

宁夏东方裕兴酒庄有限公司董事长刘全祖在酒庄里如数家珍地介绍着每一款自酿的葡萄酒。从兰州到红寺堡，从房地产业转战葡萄产业，他也说不清为何这样抉择。

刘全祖把酒庄里最高端的葡萄酒系列命名为“戈蕊红”，寓意“红寺堡就像是戈壁滩上绽放的花朵，神奇并富有魅力”。不负所望，“戈蕊红”在国际葡萄酒大赛中屡屡斩获大奖。

昼夜温差大、日照时间长、降水量少、境内无污染……借助这些优势，红寺堡葡萄种植面积达10.6万亩，葡萄酒产值达4.5亿元，参与种植的农户亩均收入4000元，年解决农民就业40万人次。

从单一种植玉米到酿酒葡萄、黄花菜等特色产业叫响市场，从单纯种植到种植、养殖、加工相结合，从高耗水、低产值到低耗水、高产值，20多年来，红寺堡经济逐步从温饱型向致富型转变。

此外，随着新能源、轻工制造等产业发展，大风、光照、干旱等劣势变优势，成为当地发展新经济的资源禀赋。

黄土地长出“文化庄稼”。农忙时节，大河乡香园村的图书阅览室里，仍有三五人围坐在长条桌旁翻书。

红寺堡23万移民来自11个县，包括14个民族，文化背景不同，生活习俗不同，融合难度大。“我们把村作为文化活动的主阵地，64个行政村都建了1000平方米以上的文化服务中心，通过采取摸清底数、缺什么补什么和一村一策，使村文化服务中心与周围居民很好地融为一体。”红寺堡文化馆负责人说。

如今，乡村大舞台、文化活动室、图书阅览室以及成套的健身设施成为红寺堡区所有村的标配。红寺堡还搜罗当地文化名人资源，根据他们各自的特点，建立“户”一级的文化大院。

在马慧娟文化大院里，每月有一次读书交流活动。马慧娟教不识字的农村女性认字，在微信群里推荐好文等。初中毕业就离开校园的马慧娟酷爱文学，2001年搬迁到红寺堡后，网络、手机的普及让她的梦想有了实现的载体。

“文化是最好的润滑剂，通过不断提升移民对红寺堡的认同感、归属感，‘感恩、包容、创新、奋进’的红寺堡精神更加深入人心。”丁建成说。

如今，马慧娟出版了散文集，走进了鲁迅文学院学习，当选为全国人大代表，名气越来越大。但她说，她哪儿都不会去，红寺堡使她梦想成真，她的根就在这里。

在中卫：移民新村里的新生活

自麻辣烫小店开业以来，宁原村村民罗小娟和丈夫已经适应了从农民到小老板身份的转变。看着每天都能有稳定的收入，夫妻俩再忙碌脸上也挂着笑容。

宁原村位于中卫市中宁县。如今，这里已成为罗小娟一家的第二故乡。2012年，他们和另外1600多户村民从100多公里外的西海固地区搬到这片黄河沿岸的土地，组建成宽口井生态移民区。宁原村则是这个移民区中的一个村。

宁原村村民来自海原县3个乡镇，那里不仅是地震断裂带，而且出行、吃水、上学也不方便，贫瘠的土地广种薄收，老百姓增收很困难。相比之下，移民新村的条件好太多了，每户都有太阳能热水器、太阳灶、卫生厕所，村里还通自来水、通网络，公交车直达县城……

"说实话，刚搬来头一年，村民们心里还是有些忧虑，主要是担心土地少了，缺乏生活保障。"宁原村村干部说。

按照宁夏生态移民的统一政策部署，移民村人均一亩耕地，户均一座养殖圈棚，一般都交由企业统一种植或经营。

中宁县是"中国枸杞之乡"，宽口井周边有7000多亩枸杞地，搬迁过来的村民很快就加入了枸杞产业大军，成为枸杞修剪、除草、采摘的熟练工，心中的担忧也渐渐消除。据了解，目前宁原村共有17名枸杞产业经纪人，负责组织四五百人在当地及周边省区从事枸杞种植、采摘工作，人均年收入7500元左右。

对于脱离土地的搬迁农民而言，要想获得长久稳定的收入，还是离不开产业。从2018年开始，宁原村通过"公司+合作社+农户"模式，通过贴息贷款鼓励村民将闲置的圈棚利用起来饲养牛羊。

此外，为了方便村民日常生活，当地政府还在宽口井建设了一个大型农贸市场，并配套了多栋商业楼房。

正是这一商机，让罗小娟两口子下定决心“弃农从商”。2018年7月，在政府提供的5万元贷款帮扶下，罗小娟在农贸市场租下了一套150平方米的两层营业房，一层做生意，二层住宿。“每天忙得很带劲儿，希望以后能把店开到县城去。”她笑着说。

移民的口袋日渐鼓了起来，生活环境也在不断改善。巷道的路面已加宽硬化，两边的枣树上挂满了沉甸甸的红枣。

“刚搬过来时，每户都是54平方米的砖木结构瓦房，现在八成以上家庭都建了100平方米以上的新房，里外都贴瓷砖，大气得很。”宁原村村干部说。

生态移民在帮助农民在近水、沿路、靠城区域拔掉穷根的同时，也让他们的子女有了接受更高质量教育的机会。

随着2012年移民落户宽口井，一座现代化的九年制学校——宽口井中石油希望学校也同时建成并招生，过去父辈们走上几个小时山路才能到破旧的学校读书的艰辛从此变成历史。

据宽口井中石油希望学校校长万占文介绍，目前学校已建成“在线课堂”“智慧课堂”“录播教室”，27个教学班全部安装多媒体电子白板，实现了宽带网络、优质在线资源全覆盖。现在学校的普高升学率已超过60%。

在白土岗乡：新环境　新变化

“我家是最后一批搬出来的，搬到新家前，周围都是空房子，连个说话的人都没有，晚上黑漆漆一片。”灵武市白土岗乡泾兴村的马建光说。

马建光是从固原市泾源县新民乡上湾村移民过来的，和他一样，2015年9月至12月，泾源县7个乡镇21个行政村的593户2692名生态移民陆续来到泾兴村。

移民新村里新砌的护排水渠，拓宽的村路、绿化村道，新建的小微公园、文化广场等，还有全部建成的临街商铺、593套移民房屋整齐划一，水电家家贯通，硬化道路、卫生站等硬件设施配套齐全，道路两旁的柳树垂下青色丝绦，不远处“老少组合”打着篮球，满场欢声笑语。

即便如此，对于一些人来说仍是故土难离。“金窝银窝，不如自己的穷窝，在那儿住了一辈子，几十年都没变过样子。”马建光的母亲说。虽然生活条件改善了不少，但刚搬来时还是不太习惯。

曾经当过妇联主任的兰秀凤，显然在思想上更加开放。“我跟儿子讲，搬迁过来就是从头开始，一下子富起来也不可能，得慢慢来。只要能吃苦，就会有好日子，说到底还得自家奋斗。”兰秀凤说。

刚搬下来时，人生地不熟，马建光感到了不小的压力。为了供三个孩子上学，照顾母亲和体弱多病的妻子，他2017年将新家的部分院落改建成小卖部，还养起了家禽，有时还要去银川打工。

如何让生态移民搬得出、稳得住、能致富，一直是白土岗乡政府思考的问题。通过坚持因户施策、因人施策，白土岗乡不断加大投入，形成了以技能培训“拔穷根”、产业带动“换穷业”、教育扶贫“摘穷帽”、务工就业“挪穷窝”、金融贷款“脱穷户”的致富“套餐”。

马建光说：“孩子的教育、看管问题得以解决，妻子看店，母亲帮忙做饭，这下可以安心出去打零工了。”

“扶贫不仅要扶‘智’，还要扶‘志’，特别是要从娃娃抓起，培养他们积极向上的心态。”白土岗乡政府工作人员介绍。

以前，马建光的大女儿和二儿子每天要早起，走山路去隔壁村念书，由于老家没有幼儿园，小女儿只能在家由妻子看管。学校人不多，马建光的两个孩子都不怎么爱说话。

谈到新环境带来的变化，原本羞涩的马建光的大女儿马怡婷打开了话匣子：“移民后，我感觉自己像变了一个人。现在每天领着弟弟妹妹走两分钟就到学校，中午还能回家吃饭睡个午觉。新学校同学也很热情，对我很好，我现在很开心。”

“我希望以后能当一名医生，给妈妈和奶奶看病，赚了钱还能帮爸爸分担家庭重担。”马怡婷说。

此时，“90后”大学生“村官”马力正好来找马建光谈务工的事，说近期有家居装修项目的老板在招工，马建光之前有做家装的经验，所以很合适。

为帮助移民发展，当地村干部不仅及时帮助移民寻找务工机会，还专门制定扶贫对象和需求清单、扶贫措施清单等。“刚搬过来，移民脱贫致富还面临着各种困难，但是我相信只要上下齐心踏踏实实干下去，村民的生活会越来越好。”马力说。

在新华西村：从“三块石头垒个灶”到“宁夏移民第一村”

江苏省华西村党委书记吴仁宝已辞世。当江苏省江阴市华士镇华西村正努力续写辉煌与荣耀时，宁夏的一个和其渊源颇深的同名村庄也在致富的道路上大步前行。

1995年6月，吴仁宝在宁夏南部山区考察后，感慨于当地“一方水土不能养活一方人”的贫苦状况，与当地政府商定后，由江苏省江阴市华士镇华西村出资帮助南部山区一部分贫困农民搬迁到银川市西夏区镇北堡，于1996年建起了一个新华西村。

据当地村干部和村民们回忆，移民初期的宁夏华西村风大、沙多、土地盐碱化严重，村民们的生活更是困难得超乎想象。

“由于没有房子，第一批移民只能住帐篷，早上起床脸上、被子上都是沙子，有时门都被沙土封堵。”宁夏华西村村干部说，“当时村里的庄稼因土地盐碱化几乎绝收，村民们靠救济粮和捐赠衣度日。”

当地上了年纪的村民对那时的生活条件记忆犹新，由于没有收入，村里生活物资极其匮乏，村民们将三块石头垒在一起当作灶台，一些村民找不到燃料，不得不跑到附近的沿山公路捡过路卡车颠簸撒落的煤。艰苦的条件使得干部和村民们精神压力巨大，有的人忍受不了又搬回了老家，甚至村委班子成员也有了退缩的想法。

当时宁夏华西村的党组织及时觉察到了大伙儿心态的变化。村委班子率先集体宣誓，并写了决心书，表示再困难也绝不退缩，“打掉牙也要往肚里咽”。党员干部还向村民借了一间房子，利用晚上的时间召集村民开会，学政策、拉家常、绘前景。“当时村里的事务太多，晚上12点之前我就没睡过觉。”村干部说，“所有村干部的下班时间都无法确定，有时凌晨还要起床为村民解决急事和难事，这个惯例坚持至今没有变过。”

稳定人心仅是第一步，要发展就必须改善村里的条件。因为租不起机械设备，村干部带领村民们修路、植树、挖渠，一切都只能靠双手，遇到石子和水锈石的地面，“一榔头下去凿不出鸡蛋大的坑”。尽管条件艰苦，却没有一个人请假休息，全村人拼尽全力，硬是将路修了出来，把树栽了下去，还用一个多月的时间，挖出了一条深3米、长1000米的排碱沟。如今的宁夏华西村道路平坦，树木成荫，土地质量也大大改善。

让大伙儿过上好日子，核心问题还是尽快脱贫。在上级组织的帮助下，宁夏华西村每年选派干部和年轻人赴江苏华西村学习、打工，再将先进的理念和技术带回来，用在本村的实践上。村里给部分村民联系贷款，购买农用车跑运输，村干部还从外地拉来小尾寒羊等，组织村民搞养殖，并结合当地土壤气候条件，带领村民种植枸杞。如今，宁夏华西村的运输业、养殖业和种植业已在宁夏村庄中走在了前列。

一部分村民日子越来越好，2010年起宁夏华西村又开展了“百富带百贫”工作。村里引导429户富裕户与573户困难户结成帮扶对子，村互助社给予资金扶持。项目运作4年后，宁夏华西村年人均收入从不足3000元增长到10784元。

如今的宁夏华西村道路宽阔整洁，几乎家家建起了新房。村民王学勤目睹了村子20多年的变化。“这变化只能用‘翻天覆地’来形容，我刚搬来时饭都吃不饱，现在不光能挣上钱，还供3个孩子念完了大学。”王学勤说。

宁夏华西村能够成为宁夏“移民第一村”，村干部和村民坚韧不拔的苦干精神十分重要，但更重要的是党组织自始至终的坚强领导，基层党组织战斗堡垒作用该如何发挥，是江苏华西村和宁夏华西村带给我们的共同启示。

在原州区：从大山深沟奔向幸福生活

日光强烈，52岁的何志梅裹着头巾，骑着自行车穿行在乡间水泥路上，去自家温棚里收割刚种下数十天便陆续成熟的香瓜。

“2019年冬天种的西红柿，有专人给指导，收了几千斤，卖了1万多块钱。2020年倒茬种香瓜，已经能拉到街上卖了，也能卖几千块钱。”何志梅说。

在原州区黄铎堡镇丰泽村，200多座温棚整齐分布在广阔农田里，这是当地政府为2011年从张家山村移民搬迁来的207户村民建造的，何志梅便是其中一户。

张家山村泥石流、滑坡等自然灾害频繁，土壤贫瘠，广种薄收。207户村民经由宁夏“十二五”规划中南部地区生态移民工程搬迁到丰泽村，统一住上了砖瓦房，通了路、水、电，并在技术人员跟踪指导下，因地制宜发展种植业、养殖业。

“一座温棚比山上100亩地的收入还多。以前住土窑洞，喝水还得走到山下挑，看个病真把人难的。现在看病、娃娃上学、喝水，啥都方便了。日子真好了。”何志梅说。

丰泽村驻村第一书记杨晓勇说：“新冠肺炎疫情期间，村民种下的西红柿和黄瓜每天都能收四五车。我们帮着联系固原市的批发商，统一帮老百姓卖出去，产业基本没受疫情影响。”

移民搬迁工程，改变的不仅是百姓的生活条件，还在教育、医疗等方面为百姓提供了极大便利。

76岁的罗应发也是从张家山村搬到丰泽村的，最近每天都要到儿子家看看牛棚里的9头牛，再看看两个孙子。大孙子罗古拜是中国地质大学硕士研究生，小孙子罗小明是河南科技大学大四学生，两个人都从宁夏六盘山高级中学毕业。

“小时候住在山上，一下雨上学就得蹚过积满泥水的小河，条件特别艰苦。搬下山后，生活发生了翻天覆地的变化，更能安心学习了。”25岁的罗小明说，“最近通过了几家公司的面试，还是挺想去宁夏宝丰能源集团有限公司工作的。”

每说到自己的孙子孙女，罗应发就会露出骄傲的笑容。“温棚都给儿子种了，我和老伴拿国家低保、养老、退耕还林等各种补贴就够生活了，每次孙子回学校我都要给零花钱。孙子马上上班了，去年还给我买了身衣裳。”

丰泽村土地资源有限，当地无法种植青贮玉米，全部买饲料喂牛。罗应发儿子家的牛棚里堆满饲草。“政府给通了动力电，还给置办了铡草机，儿子一年卖牛就挣好几万。”罗应发说。

黄铎堡镇和润村是原州区2013年建设的生态移民安置点，村民来自原州区炭山乡、寨科乡等3个乡镇19个行政村。村民除了发展种植业、养殖业，还能在家门口的扶贫车间工作，真正实现了“搬得出、稳得住、能致富”。

和润村香洁净扶贫车间内，数台全自动洗衣机不停运转，53岁的尚晓琴和几名员工将洗好的白色床单取出，展开后放在冒着蒸汽的机器中，机器自动烘干、折叠床单，另外一些员工负责将折好的床单码在一处。

“这活特别轻松，一来就能上手，每个月收入2000多元钱，最重要的是离家近，能中午回家给娃娃做饭。”尚晓琴说。

尚晓琴曾是寨科乡柳沟村村民，在建筑工地打工20多年，虽然一天挣几百元，但无暇照看孩子，孩子上小学时只能自己热饭吃。她的情况在车间工人中并非个例。“这边20多个工人都是建档立卡户，这个车间活轻，离家近，主要就是方便他们照顾上学的娃娃。”车间主任殷勇红说。

和润村的三鼎薯业、隆鑫淀粉厂等企业也吸纳不少建档立卡户中有劳动能力的人参与就业。据了解，和润村2019年农民人均可支配收入达到11262元。“我去年也脱贫了，等把最小的娃娃供出来，日子就更好过了。”尚晓琴说。

看面貌：老移民的新年景

27岁的马治明一家迎来了移民搬迁后的第八个春节。虽然年轻，马治明已是利民村的种棚能手，这些天，他一直琢磨把大棚里的西红柿改种成甜瓜。“从不会种到会种，现如今，谁不得盘算种啥更赚钱。”马治明说。

从远处眺望利民村，数百座现代化蔬菜大棚坐落在旱塬上，给这里的人们带来了生机和希望。一些村民早出晚归，穿梭于新家和温棚之间。

春节前，马治明赶旺季价高，卖掉了一棚红彤彤的西红柿，赚了不少。本打算好好休息，可闲不住的他，还是每天去大棚，归置架子，翻土起垄。“等甜瓜苗一到货就能播种了。”马治明说。

“在臭水沟村哪能过上这样的日子！”提到老家，马治明调侃说。以前祖祖辈辈在那生活，臭水沟村确实有个臭水沟，村里人进出要跨过那条沟，再走很久的山路才能到镇上。“多数人和我一样，种土豆雨水好才有收成，看不到沟外的世界。”

马治明渴望走出大山。2011年，马治明一家成为移民，从原州区彭堡镇臭水沟村搬迁到头营镇利民村。“这边到市区开车不到半小时，务工高峰，我还可以外出打工，我爹照看棚子。”他说。

种棚就得多学、多问，马治明已经掌握了小窍门。刚搬迁时，他对种棚也一窍不通，但头营镇种温棚起步早，来到这里，学习的机会很多，边问边学慢慢也就会了。

“从头开始学，其实挺难的。”马治明回忆说，“大棚一直种同样的菜不行，技术员会定期到村里指导，教你如何种好菜、有收成。现在西红柿得了啥病，自己都知道用啥药。”

2018年，马治明又租下了一座棚，两座棚一年收入有1万多元。“黄瓜、西红柿卖得好，但我听说种甜瓜更挣钱，就预订了瓜苗，倒茬种还能减少虫害。”马治明说。

新华社记者　王鹏 / 摄

“利民村只是一个缩影，随着时间推移，移民们不仅搬出了大山，留在了新村，还有了产业。”利民村村干部说，“村民过上了好日子，对新家也有了归属感。现在出去打工，说起自己是利民村人，感到特别骄傲。

第四章

精准施策：内生动力促脱贫

打赢脱贫攻坚战贵在精准、重在精准，成败之举在精准。宁夏时刻铭记习近平总书记扶贫对象精准、项目安排精准、资金使用精准、措施到户精准、因村派人精准、脱贫成效精准“六个精准”的要求，对症下药、精准滴灌，真扶贫、扶真贫，坚定不移把精准扶贫方略这一新时代党的重大理论创新，贯穿脱贫攻坚始终，不断巩固提升脱贫成效，实现稳定可持续脱贫。

1 打精准扶贫的“靶”

坚定不移把精准扶贫方略这一新时代党的重大理论创新，贯穿脱贫攻坚始终。宁夏时刻铭记习近平总书记关于扶贫对象精准、项目安排精准、资金使用精准、措施到户精准、因村派人精准、脱贫成效精准的“六个精准”要求，对症下药、精准滴灌，真扶贫、扶真贫，切实提高脱贫实效。

精准扶贫战略思想一经提出，宁夏先后从三个方面高位、强力、有效地推进。一是精准识贫，为扶真贫、真扶贫打下了坚实的基础；二是精准扶贫，提高扶贫针对性和有效性；三是精准管理，改革扶贫考核，建立约束机制，实施动态管理，强化责任落实。

摸清贫困户的底子，锁定真正的贫困户是实施精准扶贫的基础。固原市通过市、县、乡、村四级逐村逐户检查，全面摸清扶贫对象底数。吴忠市盐池县更是先后开展4次“回头看”，严把核查关，做到应扶尽扶。

在西海固贫困户家的外墙上都贴有一张信息卡，虽然名称不尽相同，但这张卡片包含户主致贫原因、产业扶持等各类信息，贫困户的底子一览无余。

摸清贫困户底子解决了“扶”谁的问题，而如何“扶”则需摸清当地产业的底子。固原市委相关领导说：“发展产业一定要坚持因地制宜、因户施策，根据各地资源禀赋及贫困户经营能力和脱贫需求，大力发展多元富民产业。”目前，固原市结合自身优势，着力发展草畜产业、林下经济和全域旅游，各县区还结合实际发展特色产业。

在西海固地区发展一批新兴产业，如彭阳县和泾源县的蜂产业、同心县的苦水枸杞和油用牡丹产业、原州区的冷凉蔬菜、西吉县的乡村旅游、海原县的硒砂瓜产业等。

由于生态好转，彭阳县大小山丘草木苍翠，花草遍野。彭阳县孟塬乡小石沟村公路旁，合抱粗的杨树上一块用红漆写着“土蜂蜜”的黑板十分惹眼。陈泽恩大学毕业后返乡发展蜂产业，仅2016年的100多箱蜜蜂就为他带来了十几万元收入。他自信地说：“我用‘互联网+’把‘土蜂蜜’卖到了全国各地。”

同心县的12万亩枸杞成为当地群众的增收新渠道，当地的有机枸杞更是直销海外，同心县委相关领导介绍说：“产业是农民稳定脱贫的造血干细胞，采摘高峰期，同心每天的枸杞采摘工就有1.5万人，每天可为当地农民带来150万元的收入。”

2 着精准扶贫的“力”

精准识贫、精准扶贫、精准脱贫，是提高扶贫工作针对性、有效性的根本要求，需贯穿扶贫工作的全过程。

宁夏根据西海固地区县、乡、村特点精准施策，以万众创新的精气神，通过金融扶贫、龙头企业带动、“双带工程”、合作社经营模式等路径扎实推动产业脱贫模式创新。

金融扶贫的“盐池模式”。为解决贫困户发展产业的资金难题，盐池县针对建档立卡贫困户在宁夏率先建立评级授信系统，根据贷款授信级别确定贷款额度，还配套推出信贷产品“富农卡”。盐池县委相关领导介绍说：“盐池县2016年还通过放宽农民贷款年龄、重新甄别非恶意‘黑名单’、建立多家金融机构共享的征信体系等措施，进一步解决贫困户发展产业的资金难题。”

龙头企业带动的“华润模式”。央企华润集团作为海原县的定点帮扶企业，为农户提供每头西门塔尔基础母牛6000元的3年无息贷款，并与农户签订协议，高于市场价回购赊销品种母牛所生的全部公牛犊，解决了销路问题。在“华润模式”下，海原县西安镇园河村村民胡生权只掏了3700元就购回一头近万元的基础母牛，他说：“我因风湿性关节炎无法外出打工，养牛是一条好出路，等扶贫贷款下来打算多养几头，不怕脱不了贫。”

抵御市场风险的“公司（合作社）模式”。近年来，西海固地区涌现出滩羊合作社、肉牛合作社、农业公司等一批经营主体，抱团取暖，合作共赢。西吉县黑珍珠农牧业综合开发有限公司在充分考察市场需求的基础上，向1500多户贫困家庭发放12万只鸡苗，企业将鸡和鸡蛋回收、屠宰、包装后销往“北上广”，实现企业与贫困户双赢。西吉县委相关领导说：“产销对接是贫困人口脱贫的一大短板，西吉县将致富能人、合作社和贫困户结成利益共同体，搭建脱贫产业链，有效抵御了市场风险。”

3 施精准扶贫的“策”

坚定不移走精准扶贫之路，必须做到扶贫思路精准、扶贫措施精准、扶贫管理精准、扶贫考核精准。着力“培富业”，突出产业扶贫，培育、发展和壮大富民产业；着力“挪穷窝”，对生产生活条件非常恶劣的地方，实施易地搬迁；着力“拔穷根”，扎实抓好教育和实用技能培训，让贫困地区孩子不输在起跑线上。

为阻隔贫困代际传递，固原市将初中毕业未被高中录取、高中毕业未被大学录取的学生全部纳入职业教育和技能培训，并对贫困户学生实行“订单式”全程培养，优先推荐安排就业直至获得稳定收入，增强贫困家庭的就业创业能力。

西吉县硝河乡红泉村贫困户苏克忠缺资金、缺技术，以前虽养牛，但只是一两头。2016年苏克忠贷了5万元扶贫贷款，还参加了种植业、养殖业技术培训，养殖规模扩大到7头，苏克忠说：“政府给贫困户贷款不要利息、不要抵押，还给我们免费培训，政策这么好，我们再不动弹脱贫致富，不就成死人了吗？”

激发内生动力，还需要向贫困群众“施压”。盐池县委相关领导介绍说：“政府要由包办代替向引领带动转变。现在政府给贫困户提供贴息贷款，但贴息也不能贴干净，得让他们承担一定的责任，激发内生动力。”

西海固地区贫困户如果不发展产业则无法贷款，贫困户必须把牛棚羊圈建起来后才能协调贷款补栏，通过验收才可获得项目资金，银行贷款一旦拖欠不还会被列入“黑名单”。这就倒逼贫困群众为收回成本、偿还贷款而努力发展产业，激发内生动力。

彭阳县草庙乡新洼村村支书焦世有对此感触颇深，他说：“过去的扶贫都是救济式的，国家给点啥，老百姓拿点啥，每年扶一茬，每年送一点。速度是快，但效果不好。现在的扶贫到村、到户、到人，村干部要盯着贫困户发展产业，帮他们贷款，督促他们按时还款，最终把人的精气神扶起来。”

4 落精准扶贫的“点”

精准找出“锅底人群”，分梯次实行“菜单式”扶贫，让“滴灌式”脱贫工程全覆盖贫困群众，是宁夏“十三五”脱贫攻坚的核心策略。

扶贫资金有限，如何将资金精准帮扶到贫困户，彻底斩断穷根？从2014年开始，宁夏全面推进精准扶贫，重点针对西海固地区贫困村，将“精准”贯穿贫困人口的识别和帮扶，并尝试市场“益贫”新举。

识别贫困人口是精准扶贫的前提。近年来，宁夏已经形成一整套贫困人口识别方法，即“户申请”“组提名”“入户查”“村初评”“乡复核”“县审批”“三公示”“一公告”“系统管”“动态调”的“三十字脱贫要诀”。

脱贫对象清晰，政策随之明确。对2014年识别出的贫困人口，宁夏制定了安居房、农田、增收产业等脱贫标准，对有发展能力的贫困农户给予“普惠+特惠”的政策支持，对低保户实施民政救助，全面推进减贫。

除了就地精准帮扶，宁夏从2011年起开启了历史上规模最大的生态移民工程，将35万世居干旱少雨、山大沟深地区的贫困人口，

新华社记者 任鹏飞 / 摄

5年内搬迁到近水、近路、社会经济发展程度较高的地方，这部分“锅底人群”搬迁后生活生产设施一应俱全，并且逐步摆脱贫困融入城镇。

由于贫困村村干部老龄化、能力有限，为让精准扶贫政策效益最大化，宁夏从2014年底开始面向1100个贫困村每村选派两三名干部组成驻村工作队扎根农村，帮助其完善脱贫发展规划，培育壮大村级特色优势产业，培养村级致富带头人等，打通扶贫“末梢神经”。

脱贫攻坚进入啃“硬骨头”阶段，宁夏打破扶贫投入单纯依靠财政资金的局限，尝试市场“益贫”新举措，引入金融、企业等多方资源共同参与，逐步形成“大扶贫”局面。

从2006年开始，盐池实施贫困村村级互助资金，农户在一借一还过程中累积诚信记录。为更精准地破解贫困户贷款难问题，2014年以来，当地针对建档立卡贫困户建立评级授信系统，以信用水平为主要依据，向贫困户发放贷款。

宁夏扶贫在注入“源头活水”的同时，还让产业发展有了“出口”。定点帮扶中卫市海原县的华润集团，摒弃以往一次性投钱给物的做法，选择“放长线”为农户搭建产业平台。

“集团投资3.85亿元建设草畜一体化项目基地，其中1.2亿元用于采购西门塔尔基础母牛赊销给农户，并为农户提供每头牛6000元的3年无息借款。”海原华润农业有限公司相关负责人说，“农户领到牛，三年后，集团以市场价回购新繁育公牛。”

这种模式受到当地农户的普遍认可。海原县史店乡徐坪村村民田世民算了一笔账，他只需要出4000多元，就能从华润集团赊销2头原价8000多元的母牛犊，三年间“牛生牛”，1头牛最多变5头，不但能轻松还款，还能养更多的牛。

在宁夏9个重点贫困县（区），结合本县（区）、本村实际，各地正探索以市场助推扶贫的新模式、新举措，不断助推贫困户进入市场，以发展促脱贫。

看措施：为留守村民找出路

傍晚时分，伴着呼啸的西北风，57岁的白光柱从还未吐绿的山脊上大步走来，两旁是不到20厘米的固沙柠条和矮小植物。他如今从“留守山民”变为一名护林员，依靠修复生态，贫困的生活有了改观。

白光柱生活在同心县田老庄乡马家井村，这里山大沟深，年降水量不足200毫米，靠种地为生的村民，只能勉强收获口粮。为了脱贫，同心县从2007年开始大规模移民搬迁，目前迁离村民11万余人。然而，仍有部分无力搬走的村民成了“留守山民”。“全村能搬走的都搬了，现在村里常住的只有十几户。”白光柱看着几处推平长草的民居旧址无奈地说。

“实在没有积蓄搬迁。”白光柱说，“全家8口人，妻子生病需要照顾，儿子干不了重活，我不能外出打工，靠种40亩旱地、养3头牛，解决吃喝、就医等各种开销。”

虽人走山空，但迁出村庄的植被在慢慢恢复，生态多样性复现。同心县在生态移民迁出区组建生态林场，管护147万亩土地，集中开展生态修复、退耕还林配套工程建设、野生动植物资源保护等工作。

林场建立后，白光柱通过应聘，成为了一名护林员。他负责管护9200亩土地，每天早上骑摩托车赶到离家10公里远的林场，巡山、防火、禁牧、挖坑，“一亩地挣2元钱，年薪快2万了。”

成为护林员，白光柱开始珍视身边赖以生存的植被。他指着草木稀疏的山头说：“柠条10年才能长到50厘米，最怕火、羊、病虫害，看护不能有闪失。”

为优先解决留守山民的生计问题，生态林场首批聘用了150名贫困群众，让他们通过植树种草过上更好的日子。

近几年，中国通过加大贫困地区生态保护修复力度，增加重点生态功能区转移支付，让有劳动能力的贫困人口就地转成护林员等生态保护人员。

贫困程度较深的西海固地区，计划将移民迁出区乡镇和行政村整建制转为国有或集体林场，搬迁剩余人口全部转成林业工人，尝试发展林下经济和文化旅游产业，通过生态补偿的精准扶持，帮助1万多人尽快摆脱贫困。

看方法：托养＋创业

30岁的杨杰不再为自己双腿的不便而过于苦恼，他现在可以像普通人一样，通过网络实现自己的就业梦。

“我们这几天正在给中药材产品设计包装，已经改了几版了，但仍然不是很满意。”杨杰坐在电脑前，熟练地运用画图软件修改设计图。

杨杰生长在固原市隆德县的偏远农村，因自幼患有小儿麻痹症，杨杰曾无数次感叹命运的不公。2014年，他从宁夏职业技术学院电子商务专业毕业，但由于身体原因一直未找到合适的工作。

2018年8月，杨杰意外地接到来自隆德县残疾人托养创业中心的通知。“那边说可以给我培训，并提供吃住场所、安排就业，这是我做梦都想不到的。”当时的他还不知道，这正是当地政府探索的残疾人“托养＋辅助性就业”一体化发展模式。

来到托养中心，杨杰和另外9名身体有残疾的伙伴一起开设了网店，主要销售当地的中药材、文化产品、土特产等，他主要负责美工和运营。

“吃住都是免费的，残联不仅替我们代缴了网店保证金，前三个月还给我们发放生活补贴。”杨杰说，“希望利用网店把残疾人朋友制作的人造花以及当地的中药材、文化产品、土特产等销售出去。”

2016年出台的《“十三五”加快残疾人小康进程规划纲要》提出，残疾人是一个特殊困难群体，需要格外关心、格外关注。要在对残疾人民生安排兜底保障重点政策的同时，大力发展残疾人辅助性就业和多种形式就业。

“就业年龄段智力、精神和重度肢体残疾群体因社会适应能力弱或出行障碍，多数难以实现就业，生活主要依靠家庭成员供养或社会救助，在残疾人中脱贫难度最大，也最需要关爱。”宁夏回族自治区残疾人联合会负责人说。

于2018年8月份建成的隆德县残疾人托养创业中心是宁夏首家集残疾人托养、工疗、康复、就业、创业于一体的综合性托养机构，通过政府购买社会服务，目前该中心已托养残疾人80名。

在托养中心看到，人性化设施一应俱全，不仅设有宿舍、灶房、餐厅、洗衣房、医务室、综合康复训练室、图书阅览室等14个托养场所，还配备了人造花组装室、手工艺制作室、电商创业中心等辅助性就业创业场所。

“中心为每一位行动不便的入托对象提供生活供养、康复训练、医疗保健等，使其过上舒适而有尊严的生活。”隆德县残疾人联合会负责人说。在此基础上对他们进行技能培训，提供就业创业的平台，真正实现残疾人托养和辅助性就业融合发展。

为了进一步激发残疾人脱贫内生动力，隆德县还组织有行动能力的残疾人在邻近的园区人造花制作车间就业，实现就地、就近就业和创业。宁夏每个市将至少打造1个残疾人“托养＋辅助性就业”示范点，确保在2020年实现县（市、区）全覆盖。

看成效：告别病痛“拖与熬”

马生武四年前就查出来心脏有问题，但忙着外出打工、挣钱养家的他不敢去医院治疗。直到2018年11月他病情加重，双脚肿胀，气都喘不上来，才不得不入院治疗。

“我们知道心脏病是大病，四处凑了几万块钱，没想到最后医药费自己掏了不到5000元。”这位40多岁的农民感叹，“多亏国家政策，要不然现在就是一身债了。”

马生武是吴忠市利通区扁担沟镇同利村人，属于建档立卡贫困户。他因风湿性心脏病两次住院并接受手术，报销前总花费近14万元。如今，他在家休养，每月拿药也有大病医保报销，自付不到百元。

“一人生病，全家返贫”曾是许多农村贫困家庭的真实写照。从2017年起，针对因病致贫、因病返贫的建档立卡贫困人口，宁夏建立起“一免一降四提高一兜底”的综合保障网。尤其是在国家“重病兜底”基础上，宁夏扩大兜底范围，确保贫困患者年度内在医疗机构住院发生的个人自付费用实际报销比例不低于90%或累计不超过5000元。

这一政策有效解决了贫困群众“看病难、看病贵”问题，他们不再“小病拖、大病熬”。统计数据显示，2017年1月至2019年4月，宁夏因病致贫、因病返贫的贫困患者累计住院4.38万人次，医疗费用总额4.2亿元，通过基本医疗保险、大病保险、扶贫保、医疗救助、政府兜底等报销后，个人自付费用为3191.23万元，仅占费用总额的7.6%。

宁夏健康扶贫的政策也在不断完善。宁夏推出贫困患者县域内定点医疗机构“先诊疗后付费”“一站式结算”等便民政策，不仅实现了贫困患者医疗报销救助无缝隙、全覆盖，也解决了群众报销难且手续繁琐的问题。2018年7月，“先诊疗后付费”实施范围扩大到全区，进一步方便了贫困患者。

与此同时，针对一些建档立卡贫困户因突发疾病难以立即享受兜底政策而返贫的现象，宁夏对认定在册的农村建档立卡贫困人口，住院自付合规费用超过3000元时，由健康扶贫医疗保障“一站式”结算系统自动标识并及时结算。“这相当于给所有建档立卡贫困人口自动设了一道‘防线’，防止他们因病返贫。”宁夏回族自治区卫健委健康综合处工作人员说。

吴忠市同心县王团镇倒墩子村村医买晓霞从医多年，她感叹道：“兜底政策减轻了贫困患者的经济压力，以前他们要等到病情严重了才去看，现在有底气了，不舒服就去医院。”

解决因病致贫、因病返贫的关键还在于加强预防，构建群众“少得病”的大环境。近年来，宁夏全力抓好精准防控，以最小的卫生投入来获取最大的健康效益，让贫困群众少生病、少生大病。另外，宁夏持续在贫困地区开展危害群众健康的主要病种和危险因素筛查，并通过开展健康教育、计划免疫、传染病防控、慢性病管理、爱国卫生等工作，提高群众防病意识。

同时，宁夏一方面培训基层医生，另一方面通过“千名医生下基层”等补充新鲜血液，并为基层卫生院配齐常规医疗器械，不断提升贫困地区基层医疗机构服务能力。

如今，距吴忠市区将近30公里的扁担沟镇卫生院不但能为村民做全面体检，其医务人员经中医药服务能力提升培训后，还发展了针灸、颈椎牵引等中医特色项目，为群众家门口就诊提供便利。“中医疗法相对副作用小、更便宜，基层百姓认可度也高。这几年服务跟上了，门诊量也大了。”扁担沟镇卫生院负责人说。

看变化："精准清单"让贫困户有盼头

"政府补贴盖了新牛棚，买了铡草机，养牛数量翻了3倍，我们也有了属于自己的产业。"在固原市彭阳县陡坡村，贫困户姬秀林兴奋地说。

陡坡村位于西海固地区，种地靠天，二牛抬杠；翻山拉水，水贵如油；盖了牛棚，买不起牛……仍是当地贫困群众生活的真实写照。

为让有限的资金落到贫困户头上，经过几轮识别后，宁夏重点在西海固地区筛选录入最新的贫困人口"云信息"。找到最贫困的人口，因村因户进行"菜单式"扶贫的政策随之明确。宁夏回族自治区扶贫办相关领导说："宁夏对识别出的贫困人口，制定了安居房、农田、增收产业等脱贫标准，尤其是在西海固地区，对有发展能力的贫困农户给予'普惠＋特惠'的政策支持，对低保户实施民政救助，推进减贫。"

"贫困原因：缺资金、缺技术""实施内容：养殖产业达到8头牛或者40只羊，改造危窑，补贴盖牛棚……"陡坡村村干部翻开花名册，上面清晰地写着姬秀林和其他贫困户的致贫原因、扶贫举措、完成时限等。

差别扶持难，"一村一品"的策略解决了大问题。村干部说："山里的农户有种草养畜的习惯，但没有余钱，最多养三五头牛。扶贫部门在村里重点推行'530'计划，给贫困户提供贴息贷款、技术等帮扶，现在农户最少也养5头牛或30只羊了。"

除了就地精准扶贫，西海固地区成为生态移民搬迁的主战场。固原市扶贫办相关领导说：“全市5个贫困县（区），从2011年宁夏启动生态移民工程以来，共有21.6万世居干旱少雨、山大沟深地区的贫困人口，搬迁到近水、近路、社会经济发展程度较高的移民区。”

在固原市的县内迁入区，学校、卫生院、自来水、温棚、羊圈等生活生产设施一应俱全，移民们开始了新的生活，逐步摆脱贫困融入城镇。

“2014年花了5万元买了一辆小轿车，以后有了新盼头。”村民郭梅花说。从西吉县兴隆镇不通路的村，搬迁到40公里外的移民新村，出行、打工方便，加上政策扶持，全家一年毛收入从2万元增至6万元。

看发展：精准扶贫催生新桃花源

清澈的渠水缓缓流淌，绿树成荫，宽敞明亮的新房整齐划一，空气中弥漫着雨后的泥土芳香……如果不是亲眼所见，谁都无法想象，张树村这个曾经远近闻名的穷村，现今竟成了幸福和谐的新桃花源。

过去的张树村，危房摇摇欲坠，路面尘土飞扬，全村294户1211人里，就有91户332人是贫困人口。为何能发生如此翻天覆地的变化，用村民陈宗仁的话说，“就是党的政策好，给我们的帮助都对路”。

陈宗仁口中对路的政策，就是人们早已耳熟能详的精准扶贫。然而精准扶贫村村搞，为何张树村见成效？张树村村支书道出了“三大法宝”，精准扶贫首先要调动群众的积极性，不能剃头挑子一头热。2015年，张树村开展城乡联建创“五星”“双带”等活动，建立“两委”成员包组、党员包户机制，全力推进脱贫销号，将每个贫困户落实到党员干部，充分调动起人民群众的积极性。

其次是找准致富产业。村支书指着远处的一排排牛栏娓娓道来：“精准扶贫，关键是要群众能有致富路，很多地方搞扶贫产业是看什么热门搞什么，一味迎合市场，反而效果不佳。我们大力发展玉米种植业、养牛业等符合本地特色的产业，目前来看成效颇显。”

扶贫必扶智，则是张树村精准扶贫的第三大法宝。书香飘散的农家书屋、开阔热闹的文化广场、颇具典雅气质的农村戏堂……乍富的张树村，却处处透露出浓郁的人文气息。

村医张忠国对扶智成果最了解，他说：“以前村里农闲时，大家都窝在家里闲聊、看电视，现在大家有时间就来广场上锻炼，每天早上、下午都能看到运动的村民。大家身体好了，我这村医也就清闲多了。”

全面建成小康社会，最艰巨、最繁重的任务在农村，特别是集中连片特困地区。而这些地区的扶贫工作，更是难上加难，考验着当地各级领导干部的作风和能力。

在扶贫工作上，隆德县张树村交出了一份让人满意的答卷。大山里的新桃花源，让人感触颇深。

看行动：消费扶贫亮出真功夫

统一标识　搭建扶贫专区新模式

根据《国务院办公厅关于深入开展消费扶贫助力打赢脱贫攻坚战的指导意见》（国办发〔2018〕129号）和《自治区人民政府办公厅关于印发〈深入开展消费扶贫助力打赢脱贫攻坚战实施方案〉的通知》（宁政办发〔2019〕40号），宁夏商务系统提前谋划，针对设立消费扶贫专区进行多次实地调研、召开座谈会、反复论证。在2020年9月5日消费扶贫月活动启动仪式上，自治区内新百连超、华润万家、北京华联、永辉超市4家大型连锁超市敢于担当、主动作为，采取市场化运作，签订设立消费扶贫专区承诺书。新百连超率先在银川市设立消费扶贫专区30个，入驻扶贫专区企业99家，商品种类351个，9月份共销售33种扶贫产品，实现销售额193.05万元。目前其他3家超市按照新百连超模式“统一标识”正在积极推进之中。

一厅带一县　打通消费扶贫新路子

不断加大消费扶贫工作力度，着力激发全社会参与消费扶贫的积极性，全方位拓宽贫困地区农产品销售渠道，推动贫困地区产品融入区内外市场。2020年9月25日，在中国消费扶贫生活馆宁夏馆举行了“政企携手同行，共促消费扶贫”为主题的消费扶贫活动。活动创新“一厅带一县”模式，以中国消费扶贫生活馆宁夏馆为平台，带动同心县共同举办助农采购活动。活动现场涵盖扶贫目录企业93家、扶贫产品1080种，涉及宁夏特色牛肉、羊肉、鸡肉、枸杞干（鲜）果系列、枸杞制品、贺兰山东麓红葡萄酒、大米、面粉、特色小杂粮、特装农产品系列、果蔬鲜果。活动以线上直播带货和线下集中采购为主要方式进行，吸引了各界力量参与脱贫攻坚的探索与实践。活动期间，线上直播和云商城下单销售额达45万元，线下促成交易额达380万元。

直播带货　开启电商扶贫新引擎

积极利用电商打造扶贫消费平台，在国家电子商务进农村综合示范项目和宁夏回族自治区农村电商“筑梦计划”等政策支持下，扎实推进建档立卡贫困户、电商企业、农民专业合作社等各类涉农主体建立农产品上行体系，通过线上、线下融合发展，助力农产品销售。各县（区）通过直播电商引流带货，拓宽贫困地区农产品销售渠道。中宁县开展了为期一周的中宁云上杞乡“枸杞天团”电商直播助农活动，销售1.67万单，实现销售额108.53万元。同心县、红寺堡区、隆德县、平罗县等县（区）领导走进直播间，为本地扶贫产品代言，促进本地特色产品销售，取得了良好成效。如同心县副县长康峰入驻“战疫助农，县长来了”直播间，为同心枸杞、圆枣和八宝茶代言，观看人数近30万，30分钟销售枸杞等农产品13吨，销售额达140万元。红寺堡区委书记丁建成亮相淘宝直播间，推介助农优选好物，红寺堡“红漠三号助农专款葡萄酒”成交额突破100万元，销售黄花菜4000多份，累计成交额超过700万元。

宁夏回族自治区商务厅举办第二届全民电商节活动，积极开展助农扶贫，通过直播形式为扶贫产业代言引流带货，促进扶贫产品销售。如在宁夏新电商达人选拔赛中，设置扶贫产品直播带货销售评比环节，累计销售定点贫困村所产玉米410单3000余斤；在“九一九·全民嗨”网络购物节活动中，优先上线销售贫困地区优质特色产品，开展电商达人20强排位赛、消费扶贫直播专场。据统计，9月19日4小时直播带货宁夏产品，销售额达43.2万元，另有官网、团购、平台分销订单，销售额达60.3万元，当日网购节总计实现销售额103.5万元。

第五章

产业扶贫：强化造血斩穷根

产业扶贫的效果具有持续性、稳定性，是精准脱贫的重要手段。宁夏紧抓产业扶贫这个“牛鼻子”，大力实施“四个一”示范带动工程，重点培育扶贫龙头企业、产业合作社、致富带头人，充分发挥“两个带头人”作用，带动贫困户发展特色产业，推动扶贫开发由输血式向造血式转变，走出了一条增收稳定、长效的产业脱贫新道路。

1 始终做好特色产业选育

结合贫困村的地域特点、基础条件和贫困群众的需求，大力发展特色产业，延伸农业产业链条，实现特色产业规模化、集约化连片开发，因地制宜、因人制宜，一乡一业、一村一品、一户一策，实现差异化发展。

发展休闲农业和乡村旅游业。大力开展“农业+旅游”扶贫，强化体验活动创意、农事景观设计、乡土文化开发，不断拓展农业多种功能。推进六盘山旅游扶贫试验区建设，重点扶持具备条件的建档立卡贫困村开展乡村旅游，改善贫困村旅游基础设施条件，完善乡村旅游服务体系，发展一批精品农家乐、农家旅馆、乡村民宿，培育一批农家乐示范户和致富带头人，建设一批乡村旅游扶贫创新示范基地，推动休闲农业、乡村旅游发展与贫困人口脱贫致富有机结合。2020年，贫困县（区）培育旅游扶贫示范村72个，休闲农庄100个、农家乐200个，打造国家级休闲农业示范县2个、中国美丽休闲乡村5个。

发展农产品现代流通业。立足特色优势农产品，构筑多层次、多类型、多功能、多业态的贫困乡村特色农产品供应链。完善农产品流通设施，支持农产品收购、贮藏、加工、运输、销售全程冷链物流体系建设。落实鲜活农产品绿色通道优惠政策，支持贫困村建设农产品田头市场，降低流通消耗和成本。大力发展电子商务，扶持发展一批贫困乡村电子商务综合服务站点，实现电子商务服务功能覆盖所有贫困村。支持企业和合作社开发适销对路的网销产品，充分利用自有平台及第三方平台拓宽网络销售渠道。实施品牌战略，加大盐池滩羊、固原黄牛、西吉马铃薯、彭阳辣椒等区域公用品牌宣传，鼓励龙头企业、合作社、家庭农场等申请注册商标，对新获得中国驰名商标、宁夏著名商标、宁夏名牌产品以奖代补。大力开展贫困地区特色农产品推介活动，对龙头企业、合作社参加各类展示展销会给予展位费补贴。

强化产业科技支撑，实施国家基层农技推广服务体系改革与建设补助项目，改善贫困县（区）、乡两级农技推广机构服务条件，提升农技推广服务能力。支持贫困人口接受职业教育、就业技能、农村实用技术培训，每年培训10万人次。支持在贫困村建设农民田间学校，实现特色产业技术服务组贫困村全覆盖，农技人员驻村入园入户推广旱作节水、草畜节本增效、蔬菜标准化生产、病虫害防控等先进适用技术。加快贫困地区农村信息化进程，构建自治区、市、县、乡、村农业信息网络服务体系，为贫困户提供政策、市场、科技、价格、保险、气象等生产、加工、流通信息服务。推进农机农艺深度融合，支持贫困户购买农业机械，发展规模化、集约化、标准化生产，提升玉米、马铃薯、优质牧草等机械化生产水平。实现"阳光沐浴工程"脱贫销号村全覆盖，改善贫困户生活条件。

稳步推进贫困县（区）农村产权制度改革，加快农村产权流转服务中心建设，实现贫困县（区）农村产权流转交易服务平台全覆盖。扩大农村产权确权颁证范围，开展农村土地经营权、林权、"四荒"使用权、农村集体经营性资产、农业生产设施设备等农村产权确认和流转交易。全面开展农村集体资产清产核资，在有条件的贫困村开展农村集体经营性资产股份权能改革试点。探索壮大村集体经济有效路径，分配到贫困村的扶贫资金可折股量化注入龙头企业、合作社支持发展特色优势产业，所得收益按股份给村集体和贫困户分红。推行“光伏+扶贫”模式，积极争取国家对贫困地区光伏产业支持，在具备建设条件的光伏园区集中建设光伏扶贫电站，电站收益优先支持无劳动能力的建档立卡贫困户获得长期稳定收益。

坚持以金融工具支持产业发展，打好财政、银行、担保、证券、保险“组合拳”，引导金融资源向特色产业集聚。大力开展建档立卡贫困户5万～10万元、3～5年期、免担保免抵押、基准利率放贷、财政贴息、县建风险补偿金的扶贫小额信贷。发挥扶贫产业担保基金作用，重点支持带动建档立卡贫困户的龙头企业和合作社发展扶贫产业。探索村级互助资金与银行信贷资金合作放大、“贫困户+合作社+龙头企业+金融机构”等多种扶贫融资模式，实现扶贫资金与金融资金捆绑放大。拓展抵质押物范围，稳妥推进农村承包土地经营权和农民住房财产权抵押贷款试点。支持贫困地区企业在“新三板”和区域性股权托管交易中心挂牌融资。推进农业政策性保险扩面增品提标，对纳入财政补贴范围的保险品种实现应保尽保。探索农业商业保险，扩大蔬菜价格保险范围，鼓励各地因地制宜开展特色农产品保险试点，创新农产品目标价格保险、农业收入保险等保险新产品，为贫困户量身定制组合型农业保险产品。

2 始终做好壮大经营主体

以扶贫龙头企业、农民专业合作社为主，选择经营效益好、带动能力强、诚实守信的龙头企业等新型农业经营主体，充分发挥其适应市场、对接市场、抗风险强的优势，使其成为产业脱贫路上的领旗手、带头人，带领贫困农户奔小康。

固原市是革命老区、贫困山区和少数民族聚居区，贫困程度较深。近年来，固原各县（区）精准布局产业，尝试内部“双带”帮扶、外部金融助力、合作社打通市场，政策从唱“独角戏”变成“整体推”，人们从“等靠要”变成“我想富”。如今的固原，冷凉蔬菜、林下经济、乡村旅游等产业集聚发展，贫困群众增收实现撑竿跳，脱贫的信心越来越足。

产业引擎拉动增收

在固原这片“一方水土难以养活一方人”的土地上，群众要从贫困走向富裕，发展产业无疑是最持续有效的方式。

通过现代集约化的生产方式，一些县（区）的传统产业得以升级，也让当地脱贫增速。在西吉县向丰家庭农场，5座长达500米的温室大棚整齐排列，高达6米的牛棚与现代车间无异，千余头安格斯牛集中养殖，牛粪通过装置加工成有机肥，并为附近贫困户提供母牛托管代养和打工机会。

原州区彭堡镇姚磨村，“绿色”产业迸发勃勃生机。瑞丰蔬菜合作社理事长姚选说：“依托气候冷凉优势，合作社覆盖土地规模已扩至3万亩，不仅因地制宜种植冷凉蔬菜，还配套发展蛋鸡、蜂蜜产业，更带动1500多农户就近打工，贫困农户2016年人均收入超过5000元。”

打通梗阻，授之以渔

一个时期以来，“杀鸡取蛋”“未下羔先卖羊”一度成为固原部分群众“越扶越穷”的真实写照。当地干部群众总结认为，既让贫困百姓享受丰盛的产业套餐，又能消化吸收，才算真正的产业造血脱贫。为此，固原市依据县（区）、乡、村特点创新产业脱贫模式，集中资源扩大金融扶贫、“双带工程”、合作社经营等效益，逐渐让贫困户有了脱贫致富的想法和手段，破解其脱贫“无内力”的尴尬。

为增强内部帮扶效果，固原市积极在贫困村培养基层党组织带头人和致富带头人。原州区头营镇石羊村的马万武就是政府大力扶持的带头人。两个月前，马万武将自家的牛赊给贫困户马德孝，马德孝没上过学，也没养过牛。为帮助马德孝，马万武真费了心。“我把饲养方法写在纸上交给他女儿，之后隔三岔五就去看，手把手地教，现在他的牛养得很好。”马万武说。

单凭扶贫资金，帮扶略显吃力，而金融助力产业则能放大扶贫成效。西吉县农村信用社信贷部负责人介绍说：“西吉县争取人民银行配套专项支农再贷款等资金，同时县政府出资设立风险补偿金，在此基础上再放大资金，针对建档立卡贫困户进行评级授信，向他们发放免抵押、免担保的小额信用贷款。”

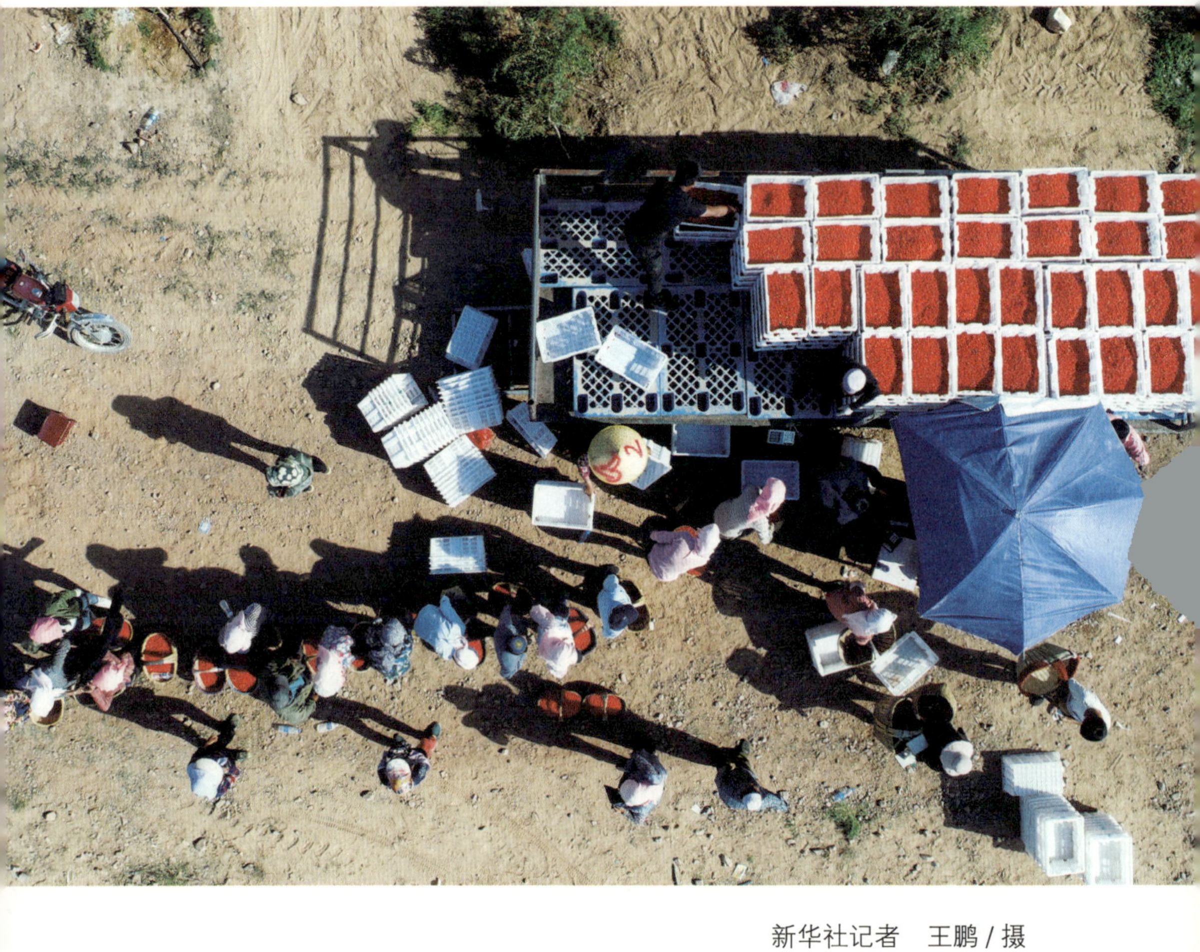

新华社记者　王鹏 / 摄

产销对接是固原市脱贫的一大短板，而近年来不断涌现的肉牛合作社、农业公司等经营主体，通过产业链搭建则让贫困户走出“卖难”窘境。2015年，西吉县黑珍珠农牧业综合开发有限公司发现珍珠鸡市场需求旺盛，而公司养殖规模有限，便向1500多户贫困家庭发放12万只鸡苗，企业将鸡和鸡蛋回收，包装后销往“北上广”，实现企业与贫困户双赢。

在新机遇的触动下，一些贫困户萌生规模化发展的念头。隆德县陈靳乡新和村用铁丝网围起来的半山腰已经建起3座鸡棚，三黄鸡在松树下悠闲觅食。合作社社员柳宝军说：“我们10户农民成立了占地200多亩的合作社，养殖了8000只三黄鸡，比种地挣得多。”

“强身健脑”扶精气神

拥有一技之长成为贫困群众开启产业致富之门的“金钥匙”。固原市依托职业院校，将有劳动能力、有转移就业意愿的贫困户全部纳入职业技能培训和实用技术培训，使之掌握脱贫致富的本领。

西吉县硝河乡红泉村贫困户苏克忠缺资金、缺技术，以前虽养牛，但只是一两头。2016年苏克忠参加了种植业、养殖业技术培训，贷款5万元养牛，养殖头数也增至7头。“政府给贫困户贷款不用抵押、不收利息，还给我们免费培训，政策这么好，我们再不动弹就说不过去了！”苏克忠说。

要让贫困户动起来，还需“施压”。政府要由包办代替向引领带动转变。现在政府给贫困户提供贴息贷款，就是让他们有还款压力，承担一定的责任。

在固原市，贫困户必须把牛棚羊圈建起来后才能协调贷款补栏，通过验收才可获得项目资金，银行贷款一旦拖欠还会被列入黑名单。这就倒逼贫困群众为收回成本、偿还贷款而努力发展产业。

3 始终做好创新体制机制

把共享理念贯穿到扶贫产业发展的全过程，引导贫困农户与新型经营主体加强合作，建立更加紧密的利益连接机制，扎实推进农村产权制度改革，采取存量折股、增量配股等形式，推动农村资产股份化、土地股权化，资源变股权，让沉睡资源活起来。

加强组织领导。宁夏回族自治区党委、政府统筹全区产业扶贫指导、协调、督促、考核等工作，自治区农牧厅、扶贫办等相关部门紧密配合，及时研究解决产业扶贫推进工作中的困难和问题，共同推动产业扶贫工作。贫困县（区）党委和人民政府承担产业扶贫主体责任，要统筹整合本县（区）相关扶贫资金，选准脱贫致富产业，建立到村、到户的产业扶贫台账，明确扶贫工作责任人，做到组织领导、工作部署、任务分解、责任落实、督促指导“五到位”，扎实推进产业扶贫工作。完善扶贫信息管理系统，跟踪监测贫困村脱贫人口增收等情况，实行产业扶贫精准化管理，实现贫困群众稳定持续脱贫。

加大财政支持。新增扶贫资金重点用于产业发展。根据《宁夏回族自治区人民政府办公厅关于支持贫困县开展统筹整合使用财政涉农资金试点的实施意见》（宁政办发〔2016〕127号），贫困县（区）要积极开展统筹整合财政涉农资金工作，以专项扶贫资金为重点，积极整合相关涉农资金和社会帮扶资金，重点支持“四个一”示范带动工程、产业扶贫新业态、产业科技支撑、资产收益扶贫、金融扶贫等关键领域，并结合各地产业发展实际，自主研究制定扶持办法，明确扶持环节和标准，提高财政资金使用效率。

精准分类施策。针对贫困对象的实际情况，输血和造血并举，分类确定帮扶措施，做到产业项目、培训转移、小额信贷、帮扶措施、扶贫保险“五到户”。对有发展能力和劳动意愿的贫困户，支持发展特色优势产业，实现户户有增收产业；对文化水平低、缺乏技能的贫困户，根据贫困人口需求和技能提升愿望，加大职业农民和劳动技能培训，促进贫困人口就业创业；对外出务工、无力经营土地的贫困户，撂荒土地要通过代耕代种、流转企业、入股合作社等方式，增加贫困户土地收益；对无业可扶、无力脱贫的老年人、无劳动能力的残疾人、家中有大病患者的贫困户，在落实低保政策的基础上，通过将贫困户享受的扶贫资金、信贷资金和社会帮扶资金等以股份形式，注入龙头企业、合作社等经营主体，参与股份分红；对土地已流转的贫困户，要落实好就业帮扶措施，尤其要组织贫困群众在附近工业园区或产业基地就业脱贫。

完善绩效考核。建立健全产业扶贫考核评价体系，将产业扶贫纳入宁夏回族自治区党委、政府对各地年度目标绩效考评重要内容，对各地产业扶贫实施综合考评，对推进速度快、实施效果好的贫困县（区），在政策、项目、资金上给予重点倾斜，对落实不好的贫困县（区），进行通报。适时开展产业扶贫资金监督检查，确保扶贫资金落到实处。实行督查制，将专项督查、重点督查与日常监督相结合，及时掌握工作开展情况，总结经验，推进产业扶贫工作取得实效。

4 始终做好扶贫资金的资本化运作

在扶贫资金资本化运作中，龙头企业负责经营，贫困村将政府提供的产业扶贫资金作为本金进行投资，但不参与龙头企业的经营活动，每年以固定分红的形式获取收益。这样，龙头企业得到了产业经营所需要的资金或其他生产资料，同时又促进了地方产业发展，而贫困户和贫困村则实现了家庭增收和培育发展新型经营主体。为此要加强招商引资，引进一些具有影响力、社会责任感强的农业产业化龙头企业，形成具有竞争力的特色产业，促进贫困户的增收。

盐池县位于毛乌素沙地南缘，既是革命老区，又是国家级贫困县。改革开放40多年来，从吊庄移民、生态移民，到金融扶贫，盐池县走过了一条艰难的扶贫开发之路。党的十八大以来，盐池县紧抓政策机遇，厚植产业根基，巧用金融工具，走出了一条“产融保”相结合的金融扶贫新路，成为宁夏首个脱贫摘帽县。

育好产业的“苗”

两周卖出45吨，均价达到每公斤90元，盐池滩羊2018年10月入驻盒马鲜生之初便战果颇丰，2018年底进驻门店数达80余家。作为地标性农产品，盐池滩羊走向全国的背后是当地政府实施品牌战略、稳定行业发展作出的诸多努力。

盐池县是“滩羊之乡”，滩羊产业为当地农民贡献了50%以上的收入。虽然滩羊品质好，但因产量小、抵御市场风险能力弱，滩羊肉价格曾陷入低迷。为跳出普通市场的“红海”，盐池县决定实施品牌战略。

“产量低决定了盐池滩羊不可能拼量，我们要瞄准中高端市场，不断提升品牌知名度和附加值，最终实现‘盐池滩羊难得一尝’。”以滩羊肉入选G20杭州峰会食材为契机，2016年起，盐池县领导班子趁势到杭州、深圳等十多个城市举办推介会，依托鑫海等一批龙头农企，2017年盐池滩羊畅销全国35个大中城市，外销比例由20%提高至30%，品牌价值达68亿元。

产业发展的关键在“稳”。近年来，通过盐池县滩羊产业发展协会和宁夏盐池滩羊产业发展集团有限公司，稳住滩羊市场及价格。滩羊从补栏到出栏，盐池县103个滩羊产业发展协会都会登记造册，摸清滩羊底数。2017年组建的宁夏盐池滩羊产业发展集团有限公司则着手滩羊收购与销售的统一工作，并发布市场指导价稳定行业整体利益。

“协会登记在册的羊，集团会以高于市场价的指导价收购。这既保证农民增收，也将企业和商户统一起来，避免恶性竞争。”宁夏盐池滩羊产业发展集团有限公司董事长黄玉邦说。

引来资金的“水”

产业的“苗”要长大，还得引来资金的“水”。盐池县从互助社开始，培养农民的诚信意识，并通过构建覆盖所有贫困户的评级授信体系，让银行敢放贷、愿放贷。

盐池县2006年开展村级互助资金试点，为社员提供最高1万元的借款。之后的“千村信贷”则将互助社与农村信用社捆绑，互助社推荐的社员，农村信用社最高可给予互助资金10倍的贷款，有力地撬动了发展资金。

经过10多年的滚动发展，盐池县互助资金规模扩大。更重要的是，互助社培养了一批诚信农民。盐池县高沙窝镇长流墩村村干部说：“互助社实行五户联保，谁借钱不还，不仅今后难贷款，在村里也抬不起头。诚信就是村民的脸面，大家都很珍惜。”

有了互助社打下的基础，2015年起，盐池县探索建立贫困户诚信度占比60%、免担保免抵押的评级授信模式，将贫困户评为四个贷款授信级别，贷款额度最低2万元，最高10万元以上，把信用变成“真金白银”。盐池县扶贫办负责人说：“目前，盐池县建档立卡户贷款规模达8.2亿元，户均贷款8.8万元，实现了‘应贷尽贷’。”

资金“活水”持续注入，产业对脱贫带动作用进一步凸显。盐池县麻黄山乡贺背湾村贫困户宋国善2017年贷款8万元将养羊规模扩大到200多只，当年就脱了贫。他说：“前两年羊肉价格低时赔得人不敢养，现在养羊效益好，我们不仅要脱贫还要致富呢！”

织密保险的“网”

贫困地区底子薄，产业抗风险能力弱，而“扶贫保”则为贫困群众织起一张防范因意外、因灾、因病致贫返贫的“安全网”。2016年起，盐池县通过家庭成员意外伤害险、大病补充医疗险“保人”，特色农业险“保产业”，借款人意外伤害险“保贷款”，让贫困户发展产业、银行放贷更有底气。

“风险是均等的，不分贫与富”。盐池县探索“扶贫保”由特惠向普惠转变，目前实现了大病补充医疗险、家庭成员意外伤害险农村人口全覆盖，贫困户保费由扶贫资金兜底，普通户则需自付部分费用。

同时，政府不能永远为“扶贫保”买单。为转变群众观念，盐池县还逐渐提高特色农业险贫困户自付比例，目前，除了在保额上略有不同外，贫困户和普通户参保几无差别。

“扶贫保”让贫困群众吃上了“定心丸”。2017年，盐池县花马池镇田记掌村贫困户赵红金拿出1400多元为家里的400多只滩羊购买了“扶贫保”，当年因意外死亡了30只滩羊，保险公司很快就为他办理了1.5万多元的赔付。

“出了天灾人祸我们真担不起，以前我们觉得保险是骗人的，现在，村里普通养殖户都买保险，我还给全家人都买了商业保险。”赵红金说。

看经验："产业＋金融"脱贫密码

蔡川村村民杨志科受了半辈子穷，在他的认知里，"产业"和"金融"一类的词和他八竿子打不着，而祖祖辈辈遭受过的贫穷，在他这一代也难以摆脱。然而，短短几年，村里"小金融"撬动"大产业"的发展模式便完全颠覆了他的认知。

固原市原州区蔡川村农民广种薄收、靠天吃饭，直到十年前，蔡川村村民人均收入仍不足2000元，是远近闻名的贫困村。

2007年底，在外地做生意的蔡川村能人马金国回乡，并被选为村主任，村里发展有了新思路。"这里的土地虽然不适合种粮，却适合种饲草，我考察市场发现，养殖肉牛有商机，于是计划带领村民种草养牛，培育出一个像样的产业。"马金国说。然而，习惯了种玉米、马铃薯和杂粮的村民们大多不认可马金国的想法，认为种草养牛"舍本逐末"，而且，当地村民每年的收入往往只够勉强过活，根本没有余钱买牛。

为了解决这些问题，2008年，马金国卖掉自己在城里的房子、车子，以所得的30余万元资金在蔡川村成立肉牛养殖专业合作社，并联系银行，以合作社担保、农户联保等形式为首批14户村民发放了共计18万元的小额贷款。有了资金，这些村民纷纷从外地购进良种肉牛养殖，一年后，平均每户挣了1万多元。

"直到这时，我们才知道啥叫产业和金融，看到了实实在在的收益，更多人开始贷款养牛。"蔡川村村民杨志万说。第一批贷款投放成功也增强了银行的信心，逐步提高了给村民贷款的额度。

2010年，杨志科也加入了合作社，贷款建牛棚、买牛犊，养殖规模逐年扩大。他建起两座标准化牛棚，每座牛棚里各养着5头牛。“这几年我不但脱了贫，还盖了新房，准备过些日子再买辆小汽车。”杨志科指着院子里刚建起的车库说。

据了解，目前蔡川村八成以上村民加入了合作社，银行累计为当地村民贷款1.13亿元，全村肉牛存栏量也从2008年的160头左右增加到2018年的3100多头，产业蓬勃发展，使当地村民人均收入增加到8000多元，蔡川村也于2016年顺利脱贫摘帽。

如今，蔡川村瞄准市场，发展红梅杏种植、中蜂养殖、劳务等产业。“资金跟着农民走，农民跟着能人走，能人跟着产业走，产业跟着市场走，形成了良性的发展机制，这就是蔡川村快速发展的秘密。”原州区扶贫办负责人说。

看产业：“多彩产业”扶贫记

“同心”，一个富有力量的名字，在宁夏回族自治区，却是“干旱、贫瘠、落后”的代名词。同心县是国家级贫困县，伴着中央脱贫攻坚的号角声，同心县戮力同心，调结构，补短板，找准了“旱塬披绿、产业多彩、农民增收”路子，共奔小康指日可待。

植“绿”结“红”，旱塬也能长出GDP

80多公里盘山公路，从沟到坡，杨树、灌木、青草层层叠叠，绿意连绵。不禁令人感叹：生态立县，同心绿了！

实际上，同心县年降水量不足200毫米，过去，沟壑纵横间，黄土大多裸露，俨然“火星地貌”，不适宜生存。

一片绿荫就是脱贫的希望。李新财正在自家的67亩文冠果林里除草。在张家塬村，文冠果树被称为“抗旱神树”，果实可做健康食品，一斤能卖40元左右。

李新财说：“旱塬上的山地是靠天吃饭，雨水好，一亩小麦收个百十斤，除去种子、化肥开销，到手只剩二三十元，遇干旱，连种子钱都收不回。而一棵文冠果树就算结一斤果，往低估一斤卖20元，一亩74棵，3年盛果期后，一年能挣1400元以上。”

种树收入好，旱塬自然变林海。同心县林业局负责人说：“赶上国家新一轮退耕还林政策，老百姓种一亩文冠果3年可享受1500元补贴。到2020年，全县文冠果种植要达到60万亩，那将是地绿、雨多、民富的新景象。”

继续南行至大山深处的白阳洼村，眼前突现一湾碧水，原来是即将建成的马高庄水库。不远处，初春刚刚采用滴灌技术种植的300亩枸杞已有1米多高，不少挂了红红的小果。

近年来，同心县走出“越穷越垦，越垦越旱”的生态恶圈，强力推进有机枸杞、酿酒葡萄、文冠果等绿色产业，脱贫攻坚逐渐驶入绿色通道。

增“黑”补“黄”，养殖走上产业化

进入脱贫攻坚期，从政府、企业、农村合作社，到各级干部、老百姓，都在探索精准脱贫的新方式。

养黑毛驴，市场前景好、销路不用愁。经过调研，同心县将这一养殖业培育起来。2016年5月，同心县与东阿阿胶股份有限公司达成合作，在下马关镇建设万头黑毛驴繁育基地，2017年底存栏量达1万头。

投资方宁夏德泽农业产业投资开发有限公司负责人说："下马关镇480户建档立卡户在政府、企业担保下，通过合作社户均贷款5万元投入黑毛驴繁育基地，每年年底户均分红4000元。"

同心县一直有养黄牛的传统。在韦州镇，辐射6个村带动462户贫困户脱贫的荣振肉牛养殖联合合作社，2017年在打造品牌牛肉上迈出一步，"同心富硒"牛肉品牌在"北上广"市场很受认可。

黄牛也成了河西镇旱天岭村脱贫的一大后劲。3年时间，全村牛存栏量从6头增长到1000多头，村干部盘算着推进"全村富民新计划"："脱贫不怕苦，牛要养到3000头。"

添"蓝"点"白"，扶贫车间人气旺

如今，俯瞰同心县城和一些乡镇，在产业扶贫引领下，以蓝色为主调的产业园区厂房一爿爿；走进企业生产车间，以白色为主调的机器一排排。

一些建筑工人正在下马关镇搭建扶贫车间。走进一栋已经建好的7000多平方米的厂房，多条流水线有序运转，几十名女工熟练地缝纫衣服。

得知扶贫车间招工，40岁的苏桂梅从田园村赶来报名。宁夏亿金服饰有限公司车间负责人吴东询问登记后，决定先让她上流水线试试。

从踩踏板到换针，第一次用电动缝纫机的苏桂梅，小心地跟着技师边学边练。她说：“以前在青海、内蒙古干粗活，一年到头回不了家。现在下班回家就能给娃娃做饭吃。”

借助政策红利，吸引一些企业把扶贫车间建在镇上，贫困户在家门口成了产业工人，这是同心县近两年推行的一种新型劳务脱贫方式。“我们招2000多人，已报名600多人，一半是建档立卡户，每人一月至少能挣3000元。”吴东说。

一些企业则集中在县城产业园区，共助脱贫。“这是一个低成本园区，政府打包各种优惠政策，一方面孵化企业扩大规模，另一方面以企业带动贫困户就地打工脱贫。”同心县同德慈善产业园区工作人员说。企业进驻前 3 年免费使用厂房，每招收一名建档立卡户，政府补贴1500元。

为了让企业稳定用工、员工安心打工，同心县在园区建设了1400套保障性住房。2016年，489户建档立卡户每户花 2 万多元就入住园区，在企业连续干 5 年以上便可办理房屋产权。

看变化1：致富“半边天”

28岁的李晓琳终于觉得心安了。2018年，她在宁夏亿金服饰有限公司找到了一份喜欢又稳定的工作，增加收入和照顾家庭可以两不误。

“我的主要工作是翻袋盖，现在每天能做100多件，工资是保底加计件，所以我会尽量多做一些。”3个月下来，在专业老师的指导和自己的努力下，李晓琳已经成为一名熟练工。

李晓琳老家位于吴忠市同心县大山深处，生存条件极为恶劣。2009年，在政府易地搬迁政策的帮扶下，李晓琳举家搬迁到同心县下马关镇南安村。移民村水、电、交通、学校等配套设施完善，生活条件发生了根本性变化。目前，下马关镇已安置县内移民近5万人。

搬得出、稳得住、能致富，是移民搬迁的最终目的。如何解决移民村地少人多、产业接续等问题，成为搬迁后移民所盼和政府所急。

李晓琳说：“前几年丈夫常年在外打工，我偶尔也会出去打零工，这样一来，孩子只能交给家中老人看管，自己总是心存不安和愧疚。”

中国人常说“妇女能顶半边天”，不过在偏远农村，由于思想观念相对保守和持家需要，一些妇女更多地还是被赋予了“妈妈”“妻子”的角色。

为了方便贫困地区农村妇女在家门口灵活就业，2018年以来，宁夏鼓励、支持一些生产加工企业将扶贫车间建到百姓家门口，将留守的农村妇女变成产业工人。

通过引进企业在移民村周边建设扶贫车间，既能帮助企业解决用工问题，也能带动妇女就业，增加家庭收入。目前，下马关镇的扶贫车间已帮助2400人实现就业。

“现在厂子离家只有十多分钟路程，上下班还能顺路接送孩子，特别方便。”李晓琳说。

宁夏回族自治区妇女联合会工作人员说：“扶贫车间不仅解决了移民地区妇女的留守问题，还提高了她们的家庭地位，也有利于对下一代的教育。”

为了帮助更多的移民村妇女实现就地就业，2017年，宁夏回族自治区妇女联合会还在全区开展“巾帼创业创新基地”和“巾帼扶贫车间”创建工作，积极探索“龙头企业+协会+妇联组织+妇女”精准帮扶模式。如在银川市，妇联组织依托“妇女之家”，引进文化旅游企业，针对软陶、刺绣、编织、皮艺等手工技艺开展培训，开发生产手工产品，实现移民妇女培训、就业创业、脱贫增收的目标。

“我很珍惜现在的工作，也会好好努力，争取再过两年能当个组长。”如今的李晓琳每天都信心满满。她相信人稳定了，日子也会越来越好。

看变化2：家门口的“扶贫花”

隆冬的宁夏山寒水冷，六盘山上的人造花制作车间里却温暖如春。伴随着机器轰鸣，38岁的女工卜桂琴正将零散的纱布拼接成“盛开”的鲜花。

“以前我在杭州一家电子厂打工，一年见不上娃儿面，如今家门口有了这个车间，可以边打工边带娃，挣钱持家两不误。”

新华社记者　王鹏 / 摄

卜桂琴说。

卜桂琴家住固原市隆德县观庄乡前庄村，地处六盘山集中连片特困地区，以前当地村民挣钱渠道较少，只能常年外出打工。而如今“开”进村里的人造花制作车间，将脱贫致富的良机送到了村民家门口。

近年来在闽宁对口扶贫协作背景下，福州市闽侯县助力隆德县打造以村级扶贫车间为载体的脱贫模式，目前已成功打造村级人造花制作车间3个，不仅解决了企业的招工难题，更帮助留守群体实现了精准脱贫。

“我们的产品主要销往欧洲和中东，既可以出口创汇，又能帮助当地百姓脱贫致富。”宁夏隆德人造花工艺有限公司经理潘文贤说，“2017年前10个月，隆德县人造花制作车间已实现产值6000余万元，提供固定就业岗位160多个。”

“在车间里做工，一个月下来我能挣2000元，以前家里的收入主要靠男人外出跑长途货运，现在我自己也能挣钱，在家里更独立了。”前庄村人造花制作车间女工李林说。

为了增加扶贫力度、扩大扶贫范围，除设置固定就业岗位外，公司还将原材料分发到户，并组织入村培训，使留守老人和失能人士在炕头也能“栽”出“扶贫花”。目前，隆德县已有800余名村民通过在家制作人造花实现灵活就业，家住隆德县城关镇红崖社区的魏巧宁便是其中之一。

“原来日子真难，我本来就有残疾，丈夫在盖房时摔伤，儿子又出了车祸。”魏巧宁说，“家里失去了劳动力，孩子还要上学，是‘扶贫花’让我找到了生活的希望。这活儿不累人，我和丈夫都能干，现在一个月也能挣两三千元，日子开始有了起色。”

其实，像魏巧宁这样的残障人士，人造花制作车间还有几十名，他们不仅通过双手获得了收入，更重拾了自己的价值和信心。

2019年，隆德县在三家村级人造花制作车间的试点基础上，向全县铺开这种就地、就近就业脱贫模式，更多的“扶贫花”将盛开在六盘山麓。

看变化3：产业释放贫困区活力

同心县菊花台村47岁的建档立卡贫困户马维兰，坐在炕上捏着一把摘枸杞挣来的百元大钞喜不自禁。

她的收入来自离家2里远、占地2万亩的润德庄园，油绿的枸杞树缀满娇艳的红色果粒，在道路两侧绵延排开。采摘高峰期，各色头巾攒动，周围村庄四五千名妇女摘果入篮，一天即实现现金收入20余万元。

近年来，西海固地区正在改变“土里刨食”的生产模式，把脱贫与产业紧密结合，紧盯市场打基础、扩规模、提标准，产业从无到有、由小到大，并向高端延伸。

“到2020年，各项惠及贫困群众的产业，保守估计产出将达39亿元。”同心县委相关领导在机器轰鸣的项目工地，底气十足地介绍说，“种植业方面，20万亩枸杞即将进入盛果期，一亩地老百姓收入5000元，年增收10亿元；8万亩圆枣、50万亩玉米、35万亩中药材产值6.5亿元。养殖业方面，一年出栏30万头牛，一头牛按最低2000元算，预计增收6亿元；羊、驴等养殖产业还能再增收3亿元。此外各种劳务收入总计不少于13亿元。以上只计算了有持续稳定收入的产业，仅这部分匡算，同心县到2020年贫困人口人均可支配收入可跨过万元大关。”

在西海固地区，一批批面朝黄土背朝天的贫困农民开始向生态要效益，绿水青山已经成为他们致富的金山银山，绿色产业链的效益不可估量。退耕还林后，保护生态成为干部群众的一种自觉行动，以往因农药污染一度绝迹的中华蜜蜂复归。

“贫困群众养一箱蜂年收入1500元左右，相当于他们过去种15亩地的收入。”彭阳县还划定保护区助农养蜂，2017年又扩大种植蜜源植物荞麦3万亩，全县养蜂达8000箱。

“农户自觉禁用化肥农药保护蜂群，养蜂业也保障了贫困农户增收。”孟塬乡政府工作人员说。

脱贫可以靠资金扶持，致富则要靠产业、靠市场，保证脱贫致富的长期效果必须要对标供给侧结构性改革，向产业化要财富，向市场竞争力要脱贫持续性。

从养牛到养驴，贫困县也要向上游产业寻求增值。近年来，驴肉市场前景广阔，致富效应明显。为了“挖来”这一养殖产业，2013年起，他们连续3年拜访东阿阿胶股份有限公司30多次，以诚感人，终于在2016年5月促成合作。由宁夏德泽农业产业投资开发有限公司投资，在同心县下马关镇建设了标准化、规模化的万头黑毛驴繁育基地，2016年9月首批自东阿阿胶股份有限公司引进的黑毛驴入园。如今，驴和驴驹的价格翻了一倍。驴浑身都是宝，仅东阿阿胶股份有限公司一年就需要200万张驴皮，另外驴奶冻干粉市场价格趋高，可直接进入高端市场。

农民种1亩万寿菊的收入比种1亩玉米高3～5倍，2017年，彭阳县种植万寿菊2.3万亩，用于提取叶黄素。叶黄素是高档食品添加剂，目前市场在稳步扩大。

对标供给侧结构性改革，实现贫困户、贫困村收益增值，离不开创新。同心县把扶贫车间设在村头，企业每招收1名建档立卡贫困户，就可以获得10万元扶贫贷款额度。企业获得了授信额度、降低了财务成本，贫困户则能稳定就业。

看实践：光伏发电带动乡村振兴

宁夏地势海拔高、日照时间长、辐射强度大，属于太阳辐射高能区，理论上光伏发电规模达2000万千瓦。光伏扶贫是由国务院扶贫办及国家能源局支持的精准扶贫工程，宁夏积极探索推进光伏扶贫工作，总结了一些经验和做法。

宁夏光伏扶贫项目总装机规模16.9万千瓦，涉及固原市原州区、中卫市海原县等10个县（区）385个贫困村，占宁夏贫困村总数的35%，建设了373座村级扶贫电站、310个户用电站，受益对象覆盖56261户贫困户，总投资约10.9亿元。

为使光伏扶贫电站工程建设质量有保障，能够安全、高效地运行，光伏扶贫电站资产能够保全，发电收益能够更好地发挥扶贫效益，宁夏回族自治区扶贫办、发改委从试点项目开始创新工作，为宁夏光伏扶贫项目持续、高效运作提供了有力的保障。

宁夏光伏扶贫电站从试点项目开始就建立了关键设备、工程施工及竣工验收的扶贫电站标准，并以此为基础，在宁夏回族自治区扶贫办、发改委的积极推动指导下，宁夏回族自治区质监局2017年10月颁布了《光伏扶贫电站关键设备》（DB64/T1506—2017）、《光伏扶贫电站施工规范》（DB64/T1507—2017）及《光伏扶贫电站验收规范》（DB64/T1508—2017）三个地方标准。2018年7月又制定出台了《光伏扶贫电站运行维护规范》（DB64/T1547—2018）地方标准，确保了宁夏光伏扶贫项目从设备采购到工程建设以及验收、运维有章可循、有规可依，保证了电站建设按标准高质量推进。特别是试点项目，宁夏回族自治区扶贫办、发改委委托宁夏新能源研究院有限公司用可移动的光伏发电设备检测车辆，深入项目村，对整个试点项目的关键设备、发电系统做了检测，为光伏扶贫工程建设质量提供了保障。

宁夏光伏扶贫试点项目主要采取企业先垫资建设，政府或农户回购的模式，项目多建于农户屋顶。项目建成后，宁夏回族自治区扶贫办、发改委对试点项目回购工作作出安排。首先在闽宁合作示范点永宁县闽宁镇原隆村进行探索，创新资金筹措方法，创建了宁夏光伏扶贫“原隆模式”，即通过“企业垫资、政府协调融资、村集体入股、企业捐赠、村集体及农户受益”的资金筹措方式，回购了49%的电站股份，不仅解决了地方政府光伏扶贫资金短缺和企业融资难题，同时增加了农户收入，壮大了村集体经济。永宁县已计划全额回购原隆村光伏扶贫试点项目，收益用于没有光伏项目的另外5个贫困村。借鉴这一模式，宁夏回族自治区扶贫办、发改委出台了回购工作指导意见，要求各县加快推进电站回购工作，进一步提高贫困村、贫困户收益水平，更好地发挥光伏扶贫效益。如今，相关县（区）政府在当地财政非常困难的情况下，已陆续投入1.4亿元用于电站回购。

2018年宁夏率先出台了《光伏扶贫电站运行维护规范》（DB64/T1547—2018）地方标准，特别是“十三五”村级电站项目，采取了建管分离方式，创造了双兜底运维模式，以兜底发电量、兜底电站资产安全为前提，提前介入运维，使之贯穿光伏扶贫电站建设全过程，确保光伏扶贫电站的设计科学及建设质量，同时达到了光伏电站20年的运营周期内“有人管、长期兜底管”的目标，为光伏扶贫电站能够持续、稳定、高效地获得收益提供了保证。

第六章

生态驱动：绿水青山谱新篇

林业是生态之基，涉及山水林田湖生态系统各个领域、各个方面，是事关经济社会发展的根本性问题。近年来，宁夏大力开展造林绿化生态扶贫，坚定践行“绿水青山就是金山银山”的理念，把脱贫攻坚与生态建设紧密结合，充分发挥林草资源优势，大规模开展国土绿化行动，加大贫困地区生态保护修复，通过实施生态扶贫工程，统筹推进国土绿化扶贫、生态补偿扶贫和林业产业扶贫，蹚出了一条山川增绿、百姓增收的生态扶贫新路子。

1 加强规划实施，优化空间开发格局

美丽宁夏建设关系人民幸福，关乎长远发展。宁夏回族自治区党委、政府历来重视生态建设和环境保护，始终坚持一手抓发展，一手抓保护，生态环境和城乡面貌得到明显改善。宁夏回族自治区第十二次党代会提出深入贯彻习近平总书记系列重要讲话精神和治国理政新理念、新思想、新战略，团结带领全区各族人民，振奋精神、实干兴宁，为实现经济繁荣、民族团结、环境优美、人民富裕，与全国同步建成全面小康社会目标而奋斗，将打造西部地区生态文明建设先行区，筑牢西北地区重要生态安全屏障，生态环境保护和治理取得重大成果作为奋斗目标。

健全空间规划体系。加快推进空间规划（多规合一）试点。按照国家“积极探索，大胆实践”的要求，以空间发展战略规划为引领，整合主体功能区、经济社会、土地利用、城乡建设、产业发展、生态环境保护等规划，加快推进“多规合一”。落实主体功能定位。推动市、县（区）按照主体功能定位发展，加快构建科学合理的城镇化格局、产业发展格局和生态空间格局。明确不同区域的鼓励类、限制类、禁止类产业，实施差异化的资源消耗、土地利用和生态保护等政策，引导人口、生产力布局向沿黄经济区和清水河城镇产业带集中。实施生态红线制度。对重点生态功能区、生态敏感区和脆弱区等重要区域实行严格的红线管控制度，制定生态保护与建设规划，划定基本农田、饮用水源地、森林、基本草原、湿地五条红线，从空间上明确保护区域和范围，确保面积不减少、性质

不改变、功能不降低。

推进绿色城镇建设。坚持走以人为本、绿色低碳的新型城镇化道路，全面提高城市规划建设管理水平，让人民群众生活在更加宜居的环境中。优化城镇布局。以银川—吴忠—宁东都市区为核心，以石嘴山、固原、中卫为副中心，以县城和小城镇为节点，加快形成各具特色、功能互补、协同发展的组团式城镇体系。严格“三区四线”（禁建区、限建区、适建区和绿线、蓝线、紫线、黄线）管理，科学确定城镇规模和开发强度，提高土地利用效率和建成区人口密度。塑造城镇特色。结合自然资源特点和民族人文特色，科学设计城镇形态、空间廊道、景观风貌、建筑风格，推进产城融合、职住平衡，控制高层建筑，保护修缮和建设一批历史文化建筑和特色街区，打造一批文化旅游、商贸物流、农副产品加工、交通枢纽等特色城镇，提高小城镇对人口的聚集力。提升城市功能。提高城镇供水、供电、供气、供热、防涝排水等基础设施配套水平，推进银川地下综合管廊、固原海绵城市国家试点和吴忠可再生能源示范城市建设。

加快建设美丽乡村。实施“百村示范、千村整治”工程，优化村庄规划布局，推动城镇基础设施和公共服务向农村延伸，加快推进城乡一体化。建设特色农宅。提高农宅设计建设水平，保持传统特色风貌。净化农村环境。完善户分类、村收集、镇转运、县处理机制，探索农村垃圾回收处理的有效模式。建立废旧玻璃、塑料、包装物等可回收垃圾回收利用体系，对废旧电池、农药包装物等有毒有害垃圾，采取财政补贴的方式集中回收处置，防止二次污染。

绿化美化村庄。引导农民植树护绿，加强村边、山边、农田林网绿化和庭院绿化，整治村容村貌。完善山区和偏远农村路网建设，推进农村电网改造升级，实施村内主干道和公共活动区域亮化工程，提高行政村互联网宽带入户率，切实改善农村生产生活环境。

2 加强资源节约，推动发展方式转变

从源头上保护生态环境，最根本的是加快经济转型发展步伐。要加强人力资源开发和技术创新，推进资源利用节约化、生产方式绿色化、产业发展循环化，有效降低发展的资源环境代价。

加快产业转型升级。推进供给侧结构性改革，落实产业转型升级和结构调整“1+3”实施方案，大力推动绿色转型，培育经济发展新动能。推进传统产业绿色化改造。鼓励企业采用高新技术、先进适用技术和节能低碳环保技术，改造提升煤炭、电力、冶金、化工、建材五大传统产业，推进原材料初级产品向产成品转化，提高产业集中度、产品附加值和行业竞争力。推进新型煤化工产业发展，提高煤炭精深加工转化效率和经济效益。加快淘汰落后产能，积极化解过剩产能，严禁产能过剩行业新增产能项目。推进新兴产业集群化发展。加快培育壮大先进装备制造、现代纺织、信息技术、新能源、新材料等新兴产业，形成产业集群，支撑转型升级。开展绿色制造专项行动和智能制造示范工程，加快3D打印等核心技术研发与产业化，扶持高端铸造、数控机床、仪器仪表、工业机器人等优势产业，引领和带动制造业高效清洁低碳循环发展。

优化能源结构，推进清洁能源集约开发利用，建设国家新能源综合示范区。大力发展生态农业，实施枸杞、酿酒葡萄、硒砂瓜、长红枣、马铃薯、大米、滩羊、肉牛等特色农产品原产地和商标保护工程，推进规模化、标准化生产，创建一批国家级现代农业示范区和有机产品认证示范区，打响宁夏绿色农产品品牌。大力发展全域旅游，实施全域旅游发展三年行动计划，按照“全景、全业、全时、全民”模式，推动景区开发、旅游交通、服务体系、宣传营销一体化，发展生态观光游、乡村体验游、民俗风情游、文化遗址游、体育休闲游等新业态，推进全域旅游示范区建设。

加强资源节约利用。加快转变资源利用方式，加强全过程节约管理，降低资源消耗强度，以无污染、不浪费为前提，最大可能提高煤炭、水、土地等能源和资源的利用效率。全面推动重点领域节能。实施重点用能行业能效提升计划，对标国内同行业先进水平，推进高耗能企业节能改造和能量系统优化。推动重点企业能源管理体系建设，推行合同能源管理模式。开展节约型公共机构示范创建活动，强化节能降耗目标责任制考核，实行最严格的水资源管理。

大力发展循环经济。实施循环发展引领计划，促进减量化、资源化、再利用，变废为宝。推行企业循环化生产。实施重点行业清洁生产审核，加强废水、废气、废渣和余热余压循环再利用，提高企业就地消纳和转化能力。推行园区循环化发展。围绕企业间上下游衔接、废物交换利用建链补链。建设园区集中供水、污水处理回用、分布式能源、物流集成等配套设施，增加园区综合考评中节能减排权重，促进园区低成本、闭合式循环发展。推行产业循环化组合。围绕煤炭、电力、煤化工、石油、冶金、有色金属和建材等重点产业，打造循环产业集群。推进煤矸石、粉煤灰、脱硫石膏、冶炼渣等工业固废综合利用。推进种植—养殖—农产品加工—休闲农业等循环链接，发展饲料生产—畜禽水产养殖—加工一体化产业链。推动石嘴山等国家循环经济试点城市和灵武市“城市矿产”示范基地建设。推进生活垃圾、餐厨垃圾、建筑垃圾资源化利用，推广垃圾焚烧发电等处理模式，健全再生资源回收利用体系。

3 加强生态保护，构建生态安全屏障

立足自然地貌和生态特征，把宁夏划分为四大生态功能区，分区施策，系统保护，长期治理，打造西北地区重要的生态安全屏障，承担维护西北乃至全国生态安全的重要使命。

建设引黄灌区平原绿洲生态区。重点加强沿黄湿地、农田生态、灌区林网等生态系统保护，严格控制对空气、水体造成污染的产业项目，从严管控黄河沿岸、湖泊湿地周边区域开发建设。实施农田生态保护工程。严格落实基本农田保护制度，确保灌溉面积不减少。开展沃土行动，加强耕地质量调查、监测和评价，推进高效节水灌溉、中低产田改造和高标准农田建设，治理土壤盐渍化，加大退化、污染、损毁、废弃农田改良和修复力度，提高耕地质量和农田生态功能。实施灌区绿网工程。建设引黄灌区农田防护林、贺兰山东麓葡萄长廊防护林、黄河主河道护岸林、灌溉渠系防护林，构建环城、环镇、环村、环路、环水、环田、环园区大林网。适应

新华社记者　王鹏 / 摄

规模化、集约化现代农业发展需要，改造提升现有农田防护林网，树随路栽，绿随沟建，林随田织，建设大网格、宽带幅、高标准防护林体系。推进主要排水沟生物边坡治理。新增防护林面积10万亩。实施湿地保护恢复工程。出台河湖湿地管理办法，开展湿地产权确权试点，加强黄河流域滩涂、湖泊、水稻田等各类湿地生态环境保护，推进水环境治理和水生态修复，连通河湖湿地，提升湿地生态功能。

建设中部荒漠草原防沙治沙区。重点加强草原生态系统保护恢复，继续实施禁牧措施，防止草原退化和土地沙化，加快扬黄灌区节水改造，大力发展高效节水农业，从严控制破坏草原的各种开发性建设，禁止发展高耗水工业和污染企业。实施草原生态保护工程。建立基本草原保护制度，完善草原承包经营责任制，开展草原承包经营确权，规范草原经营权流转，扩大退耕还林、退牧还草工程实施范围。以禁牧封育、自然修复为主，加强草原补播、人工饲草地建设，改良天然草场，有效保护草地生态系统。加强自然保护区、沙区湿地和现有人工林地保护。实施防沙治沙工程。加大毛乌素沙地治理和腾格里沙漠边缘林地保护力度，推进全国防沙治沙综合示范区建设。建立沙化土地封禁保护制度，对暂不具备治理条件的连片沙化土地，实行封禁保护。创新防沙治沙模式，建设一批沙漠公园和防沙治沙技术交流平台，合理发展沙产业。

建设南部黄土丘陵水土保持区。重点加强封坡育草、封山育林，继续推进退耕还林，减少水土流失面积，大力推进高效节水灌溉，建设高标准旱作农田，巩固禁牧成果，禁止无序采矿、毁林毁草开荒。实施水土流失综合治理工程。因地制宜推进小流域、坡耕地、沟道综合治理和库井灌区林网建设，在降水条件具备地区，大力营造乔灌混交林和水土保持林。提高库坝塘井窖联用体系蓄水能力，调节径流、蓄滞洪水，建设水土保持示范区，新增水土流失治理面积4000平方公里。继续实施退耕还林还草，扩大人工种草造林面积，提高水源涵养功能。实施移民迁出区生态修复工程。继续实施中南部地区易地扶贫搬迁。将生态移民迁出区土地收为国有，对有历史文化价值的迁出区村落加强保护，对有条件的新建国有林场，加强迁出区封育管护和自然修复，修复面积1272万亩。实施节水集蓄工程。加强人工增雨和防雹设施建设，开发利用空中云水资源。高标准建设集雨设施，有效拦蓄利用雨水、洪水资源。

建设“三山”森林生态功能区。实施天然林保护和“三北”防护林工程。加快六盘山生态功能区建设，构建大六盘生态安全体系。加强贺兰山、罗山天然林资源保护恢复，争取将宁夏所有林地纳入国家天然林保护工程补偿范围。设立自治区级公益林补偿专项资金，建立补偿标准动态调整机制，完善以政府购买为主的公益林管护机制。创新产权模式，引导社会力量投入植树造林和生态建设。宁夏森林蓄积量达到1000万立方米。实施“500毫米等降水量线”荒山造林绿化工程。在降水量500毫米以上、坡度25°以上山地，实施精准造林和工程造林，大力发展林木种苗、特色经济林和林下经济等生态产业。结合精准扶贫推动生态扶贫，推广泾源县育苗造林模式，优先购买和使用建档立卡贫困户苗木和劳务，引导贫困地区群众参与荒山绿化，增加其收入。

加强自然保护区保护建设。提升各类自然保护区建设质量和管护水平，发挥其在所属生态区域管理、技术、生态功能等方面的示范带动和骨干支撑作用，争取国家公园体制试点，探索开发与保护融合发展新模式。推进国有林场改革。加强珍稀野生动植物、古树名木和候鸟迁徙路线保护，维护生物多样性。

4 加强污染防治，提升环境质量水平

从解决人民群众最关心的环境问题入手，坚持治、管、防并举，开展“蓝天碧水，绿色城乡”专项行动，重拳治理大气、水环境和土壤污染，持续改善环境质量。

实施大气污染治理行动。严格控制大气污染物排放增量，综合治理大气污染，推进煤尘、烟尘、汽尘、扬尘“四尘”同治。消除煤尘。加快城市燃煤锅炉拆除整治，实施集中供热、热电联产、清洁能源替代工程，推动工业园区余（废）热回收利用，全面推广使用清洁能源，银川市和其他地级市建成区要加快淘汰20蒸吨及以下燃煤供热锅炉，山区城镇和工业园区通天然气。减少烟尘。加强冶金、焦化等高耗能行业烟尘治理，推进石油化工、煤化工等行业挥发性有机污染物净化处理。逐步搬迁改造城市区域生物制药等污染企业。推进车用油品质量升级。控制扬尘。绿化城市建成区裸露地，严管严控道路运输、建设工地施工扬尘，强制实行城市垃圾、渣土密闭运输，创建标准化绿色工地。加强城市噪声、餐饮油烟、露天烧烤等污染治理。实施气象保障工程，加强气候变化监测评估

和气象灾害预报预警，建立区域联动机制，预防重污染天气。

实施水污染治理行动。保护利用好有限的水资源，让碧水长流。治理城镇污水。加快城镇污水处理设施扩容提标改造，完善收集、回用配套管网建设，建立稳定运行机制。实施造纸、焦化、氮肥、有色金属、印染、农副产品加工、原料药制造、制革、农药、电镀十大行业清洁化改造，推进污水集中处理、废水深度治理和重复利用。加强黄河保护，强化入黄干支流及主要排水沟水环境治理，取缔入河、入湖、入渠、入沟的工业企业直排口，加快城市黑臭水体治理，坚决杜绝污染黄河行为。保障饮水安全。理顺水源地保护和供水管理体制，加强从水源地到水龙头全过程监管，防治重点水库和地下水污染，实现城乡饮水安全全覆盖。

实施土壤污染防治行动。加强土壤污染防治，开展土壤环境质量调查，从源头上确保农产品质量和人居环境安全。加大农业面源污染治理力度。建立以绿色生态为导向的农业补贴制度，加快制定和完善相关技术规范。全面推行测土配方、水肥一体化施肥技术，加快推广使用有机肥，推进专业化统防统治和绿色防控技术示范。加大规模化畜禽养殖污染防治力度，提高农作物秸秆利用率、畜禽粪便资源化利用率和农用残膜回收利用率。加大固废治理力度。实施贺兰山东麓等非煤矿山生态修复工程，加快采煤沉陷区、破损矿山地质环境治理，规范工业园区和矿采区固废堆场环境管理，治理工业污染场地。加强医疗废物、危险化学品、放射性废物集中收集和专业化处置，严禁含重金属的废水、废渣污染土壤，防控重大环境风险。

5 加强宣传引导，培育生态文明风尚

美丽宁夏建设关键在人。要大力弘扬生态文明价值理念，加快形成崇尚自然、爱护环境、勤俭节约、文明健康的良好社会风尚。

增强生态文明意识。将生态文明作为培育践行社会主义核心价值观的重要内容，纳入群众性精神文明创建和道德实践活动，让保护生态、节约资源、拒绝污染等生态文明意识深入人心。从学校教育和干部培训抓起，将生态文明知识作为素质教育的重要内容，纳入国民教育体系和各级党校、行政学院教学计划，促进全民生态文明道德和行为养成。将生态文化作为公共文化服务体系和企业文化建设的重要内容，充分挖掘地方特色民族民俗和优秀传统文化，鼓励创作反映现代生态文明理念的文艺作品，丰富生态文化内涵。组织好世界地球日、世界环境日、世界水日和全国土地日、全国节能宣传周等活动。广泛开展提升公民文明素质、塑造美丽心灵主题宣传活动，树立建设美丽宁夏的先进典型，在电视、报纸、网络等媒体设立曝光台，公开曝光破坏生态、污染环境等不文明行为。

倡导绿色生活方式。开展绿色低碳行动，倡导文明节俭、生态环保的生活方式。推动绿色消费，鼓励城乡居民购买新能源汽车、高能效家电、节水器具等节能环保低碳产品，节能灯具普及率达到90%以上，鼓励家庭使用电炊、电采暖等产品，提高电力就地消纳利用水平。限制一次性产品生产销售和使用，提倡步行或搭乘公共交通工具等绿色出行方式，加快生活垃圾分类收集处理试点推广。

严格执行《党政机关厉行节约反对浪费条例》，广泛开展文明餐桌“光盘行动”。创建绿色机关、学校、社区、企业和家庭。

鼓励公众积极参与。完善环境信息公开和公众参与制度，及时公布大气、水等环境信息和重点排污企业污染物排放情况，维护公众环境权益。健全举报、听证、舆论和公众监督等制度，在建设项目立项、实施、后评价等环节，有序引导公众参与。开展企业环境行为信用评价，定期公布评定结果和违法者名单。发挥工会、共青团、妇联和社会组织作用，发展民间环保组织和志愿者队伍，推动社会各界和公众广泛参与美丽宁夏建设。

看变化1：西海固——从苦甲之地到美丽乡村

一场雨，把六盘山国家森林公园变成了江南水乡。云雾缭绕的苍翠山峰，清澈见底的潺潺溪水，布满青苔的石阶小路，很难相信，这幅兼具雄、奇、俊、秀特点的画面出自黄土高原。

六盘山国家森林公园位于固原市泾源县，是黄河重要支流泾河的发源地，也是一处4A级景区。由于这里空气清新，特别是夏季气候凉爽，近年来吸引越来越多区内外游客“打卡”。

“游客数量每年都在快速增长，2020年虽然受疫情影响，跨省旅游减少，但区内旅游比以往更火爆，公园接待人数同比增长了50%。”六盘山国家森林公园负责人说。

和大多数到此短暂停留的游客不同，来自四川成都的王慧是专门不远千里来六盘山度假的，而且这已经是第三次来了。“夏天这里风景优美，气候比老家凉爽，非常适合休闲度假，我每次来都待一个月。”王慧说。今年暑假她带着父母、孩子和宠物狗住在山下一家民宿，每天在附近的山上“遛娃”和遛狗，从农家菜园摘新鲜蔬菜自己做饭，十分惬意。

王慧选择度假的冶家村是名副其实“靠山吃山”的旅游村。随着泾源县乡村旅游的发展，尤其是六盘山森林旅游资源的开发，村里的农家乐和民宿数量已从十年前的十几家增加到如今的110家，2019年全村旅游综合收入600多万元，经营户年均旅游收入超过5万元。

冶家村村干部介绍说：“原本以为2020年会受到疫情影响，没想到游客比去年还多，从4月开始，一到周末和节假日，村里农家乐常常一床难求。”

六盘山国家森林公园和冶家村今日的情形，在十几年前是难以想象的。

固原市位于宁夏南部山区，山大沟深，干旱缺水，山头缺林少绿，百姓靠天吃饭，增收困难。

为从根本上改变恶劣生态环境对百姓生产生活和地方经济社会发展造成的负面影响，从20世纪70年代开始，中国政府开始在北方大规模实施“三北”防护林、退耕还林、封山禁牧等一系列林业工程。受益于此，固原市森林覆盖率从20世纪70年代的1.4%提高到2019年底的28.4%。

随着生态好转，西海固的青山绿水、清新空气、田园风光等转化成了得天独厚的旅游资源，加上当地还有丰富的丝绸之路遗存、非物质文化遗产等历史文化元素，旅游业优势愈发凸显。特别是2000年首个国家级“旅游扶贫试验区”——六盘山旅游扶贫试验区的设立，更是从中央层面肯定了西海固的旅游资源值得挖掘，并且能够成为脱贫攻坚的重要抓手。

据了解，随着游客增多，乡村旅游正成为固原市旅游业的新增长点，目前全市已有168家三星级以上的农家乐。“我们通过完善交通、电力、网络等基础设施，加强向周边旅行社的推介宣传，有意识地让旅游消费活动从城市、景区延伸到农村去，让老百姓获得更多收益。”固原市文化旅游广电局相关领导说。

特别是2017年以来，固原市开始实施“一棵树、一株苗、一枝花、一棵草”林草工程，这种新的绿色发展路径为旅游业发展提供了更为丰富的生态底色，让原本焦黄的黄土高原变得“三季有花，四季有景”。

2019年10月，固原市还建成了宁夏首条旅游公路。长达52公里的公路蜿蜒在青山之间，沿途分布着多个乡村旅游点和景区。

六盘山区旅游业的发展已成为拉动区域经济增长、带动农民脱贫致富的重要途径，2019年全市接待游客650万人次，实现旅游社会收入45亿元，较2018年均实现了两位数增长。

新华社记者 王鹏／摄

看变化2：龙王坝村——绿了山川富了百姓

早些年，位于黄土高原群山深处的龙王坝村只有在春节外出务工人员返乡后，才有旺盛的人气。如今，才年中，村子却迎来了一年中最热闹的时节。

“到了夏天，除了普通游客之外，还有不少夏令营、观摩团、培训班等的队员，窑洞宾馆和民宿常常客满。”焦建鹏说。

龙王坝村位于固原市西吉县，西吉县是宁夏贫困发生率最高、贫困人口最多的县。

焦建鹏是土生土长的龙王坝人。1997年，他怀揣着走出穷山沟的梦想，成为村里同年龄段少有的大学生之一。出人意料的是，多年之后，他却带着几百万创业资金“逆行”归来。

焦建鹏说，2001年大学毕业后，他回到县城做起了广告、网吧等生意。凭借敏锐的市场嗅觉，他的公司年营业额超过1000万元。

“大学毕业后的想法很单纯，就是要尽量多赚钱，让自己和家人过上好日子。”但慢慢地，他感到这种方式并不能完全让自己满足，特别是看到家乡这些年还是那么穷，心里不免有些失落。

2011年，焦建鹏在电视上看到了全国林下经济现场会召开，便很快将这一新的产业模式和自己家乡联系起来：退耕还林后，村里有上万亩林地，而且集体林权制度改革也已推行，为何不能“靠山吃山”？

再三考虑之后，焦建鹏不顾亲朋的质疑和反对，当年就回到龙王坝村流转了1200亩土地，成立了林下产业专业合作社，养殖生态鸡。两年之后，他又拓宽思路，新承包2000亩农业用地发展休闲农业，种植牡丹和草莓。

经过一番折腾，龙王坝村的生态环境越来越好，林业经济规模也越来越大，2014年还上榜了“中国最美休闲乡村”，但这离焦建鹏的梦想还有很大差距。“村子没有名气，好产品也卖不上好价钱，而且单纯的种养殖对村民就业的带动性也很有限。”于是，打造旱作梯田景观，改善基础设施条件，扩展餐饮和住宿业务……焦建鹏把龙王坝村作为发展乡村旅游，促进农村三产融合的试验田。

“发展乡村旅游，绝不仅仅是开个农家乐那么简单，而是要让农村、农业、农民都能受益，在这个过程中还不能让乡村失去乡土气。”焦建鹏说。

修建集住宿与观赏功能于一体的窑洞宾馆和梯田民宿，用地方特色蔬菜西芹替代名贵花卉作为盆栽，用大红灯笼和玉米作为房前屋后的装饰……如今的龙王坝，更像是一个西北乡村风土人情的微缩景观。

立秋之后的一场透雨，把山上的植被冲洗得更加翠绿，薄雾笼罩着的村庄也增添了几分江南的神韵。沿着硬化道路步入村中，白墙灰瓦的民房错落有致地分布在两旁，农家小院被打理得井井有条，一幅幅生动的彩色墙画引得游人驻足拍照。

“这几年村里变化太大了，有了自来水和硬化路，路灯也亮起来了，以前村里人都想着逃出去，现在外面的人却挤着来旅游。”

新华社记者　王鹏 / 摄

村民焦炳南说。

旅游扶贫的效应正在龙王坝村显现。民房变客房，村民变员工、老板，目前全村已有200多名村民吃上了旅游饭，其中有20多户搞起了民宿接待，户均年收入2万元左右。

数据还显示，2017年，龙王坝村共接待游客13万人次，全村人均可支配收入由2013年的2300元提高到9200元，村集体收入突破100万元。

不同于追求村落风格上的“土气”，焦建鹏在经营和管理理念上一直坚持创新。他不仅吸纳了一批大学生加入公司管理团队，还把龙王坝村打造成了一个共享的创业平台。在这里，只要创业者能提供一份切实可行的、与乡村旅游有关的项目计划书，就可以获得办公场地、专家培训、资金政策等方面的支持。

“乡村要振兴，农村要有活力，就必须留住年轻人，所以我一方面是给他们提供创业平台，另一方面更重要的是给他们扎根农村的信心。”焦建鹏说，“目前已引入10家大学生创业企业，培育了创客咖啡馆、乡村酒吧、创意密室逃脱等项目。”

返乡创业，需要脚踏实地，也同样离不开情怀。如今，作为一名致富带头人，焦建鹏感到肩负的责任和压力越来越大，他说：“说实话，现在赚钱可比以前开公司难多了，也累多了。但依靠个人奋斗能为他人带来就业机会，为社会创造价值，为家乡发展助力，这种满足感是无法替代的。”

看变化3：红湾村——从“刺眼红”到“温柔绿”

红湾村位于宁夏中部干旱带的同心县田老庄乡，因村庄位于一条雨水冲刷出的干湾，且村里的土丘中广布红胶泥而得名。

“以前我们村人多、羊多。为了种地，村民把能站住人的地方都犁了种粮，羊啃光了草皮，光秃秃的大小土丘一年四季一个样，太阳一照红得刺眼。”红湾村村民锁成贵说。

而如今，红湾村的底色已由“刺眼红”变成了“温柔绿”。曾经光秃的土丘已渐渐披上了绿装，荒滩上20厘米高的野草茂密如毡，农家宅院里墨绿成荫。

这样的改变始于2013年的生态移民。2013年，红湾村800多人移民到宁夏地势平坦、交通便利的引黄灌区，村里的3000多只羊也悉数“撤离”。这让生态超载的红湾村有了喘息的机会。

短短6年间，锁成贵一家作为留下来的少数几户，见证了红湾村的生态巨变。锁成贵说：“搬迁前，村里连只飞鸟都看不到，而如今山绿了起来，飞鸟、山鸡渐渐多了起来，甚至还出现了多年未见的狐狸等野生动物。”

现在，锁成贵还有一个新身份——生态护林员。2007年以来，同心县共完成移民搬迁近13万人，迁出区土地总面积达376万亩。2016年，同心县成立了生态林场，负责迁出区生态保护工作。据林场负责人介绍，林场目前有59个护林点，共有1290名生态护林员，锁成贵作为其中的一员，每年可享受1万元的补贴。

锁成贵负责的550亩的管护区距他家15公里，他每天都要骑着摩托车前去巡护，查看有无火患、偷牧偷猎、病虫害生成、乱采滥挖等情况，每次巡护都要认真填写巡护记录。

除了种地、当生态护林员，锁成贵还和老伴儿养了3头牛和十几只羊，一家人在2018年脱了贫。护林、种田固然辛苦，儿子孙子在外打工、上学，难得陪伴，但“留守”的锁成贵乐在其中，他说：“看着守护的沟沟岔岔一天天绿起来，心情怎能不好？以前我们这里是有名的天旱地贫的穷窝窝，现在生态一天天变好，穷窝窝也有可能变成富裕地。”

在同心县像红湾村这样的移民迁出村有上百个，田老庄乡全乡人口从原来的2万多人减少为现在的7000多人，“生态超载”的现象得到有效缓解。尽管如此，因生态底子薄，当地生态修复和生态建设的压力依然较大，如何平衡生态效益和经济效益是绕不开的问题。对此，同心县探索在移民迁出区种植文冠果等经济作物，让好生态转化为生产力。田老庄乡政府相关部门负责人说：“田老庄乡的生态确实明显好转，但依旧脆弱。除了咬定青山不放松，我们还要在生态修复中兼顾经济效益，不仅要让移民迁出区绿起来，还要为群众开辟增收新渠道。”

看变化4：彭阳县——山区的“美丽经济”

彭阳县地处六盘山东麓。面对荒山秃岭，水土流失严重，彭阳县一直把生态建设作为“立县之本”，久久为功，常抓不懈。经过30多年的艰苦奋斗，绘就了一幅生态画卷。如今，彭阳县因漫山遍野的山花、壮丽磅礴的梯田提高了“颜值”，并吸引了越来越多五湖四海的游客前来观赏。

4月的黄土高原春色初露，彭阳县却已被山花包裹，层层叠叠的梯田上撒满了粉红色的桃花和月白色的杏花。每年4月，当地都会围绕“山花”这一特色举办节庆活动。看山花、赏瀑布、游梯田……生态旅游在这里逐渐兴起。

“今年我是第一次来看山花，没想到环境这么好。”在2019年举办的第15届宁夏六盘山山花节上，游客黄志玲被彭阳山川上50万亩次第绽放的桃花、杏花所震撼。

山上花间小道游人如织，满山遍野弥漫着花香。柔美与壮丽的结合，使这里的旱作梯田展现出别样的美。很难想象，30多年前，这里还是荒山秃岭，水土流失非常严重。

“山是和尚头，沟里没水流”是当地人对丘陵山区曾经的生态环境的形象比喻。彭阳县降水量少，既缺水又水土流失严重，恶劣的自然环境决定了绿化不仅仅是简单地栽树，而是改土治水与植树造林兼容的综合工程。为此，彭阳县探索出以小流域为单元的综合治理模式，即按照“山顶林草戴帽子，山腰梯田系带子，沟头库坝穿靴子”的治理模式，推行山、水、田、林、路统一规划，梁峁沟坡综合治理，工程、生物、耕作措施相配套，乔灌草种植相结合，抓点带面，整体推进。

事实证明，在这片黄土旱塬上，人类是具有修复生态的能力的。通过30多年坚持不懈地改土治水、植树造林，彭阳县林木累计保存面积达204万亩，森林覆盖率由3%提高到2019年的27.5%，小流域治理度由11%提高到76%。如今，彭阳县内拥有百万亩桃杏花海、百万亩景观梯田，昔日的光秃坡地如今林草满山，梯田、林带、库坝相映成趣。

“花海”不仅为人们提供了优质的生态产品，更成为当地经济发展、百姓发家致富的助推器，生态也正在变为彭阳县绿色发展的资源与生产力。

近年来，彭阳县以山川增绿促增收，不断挖掘“林果资源”，开发“林下资源”，以激活生态红利，推动当地脱贫。彭阳县以建档立卡贫困户为建设主体，在全县12个乡镇累计发展以杏树为主的经济林53.2万亩。同时稳定培育苗木产业，使苗木产业成为全县农民增收的“绿色银行”。

生态建设以贫困户为主体，创出贫困户深度参与式生态扶贫新路径，彭阳县努力做精准造林与精准扶贫相结合的文章，取得了生态改善、产业发展与贫困户增收的多赢效果。数据显示，2018年，彭阳县林业产业总产值达5.4亿元，其中林产品收入3.8亿元、苗木产业收入1.2亿元、林下经济收入0.4亿元，农民人均可支配收入2330元。

与此同时，彭阳生态环境持续改善创造出的一片又一片“花海”，还推动了当地旅游业发展。主营杏脯、坚果类产品的宁夏云雾山果品开发公司董事长崔生琴说：“企业产品的原料就来自于当地种植的杏树，如今，公司围绕杏子已延伸出30多种销售单品。”

“2018年山花节期间有1.2万名游客到我们公司的体验式工厂参观，极大地提升了公司的收入和影响力。”崔生琴说，“公司已连续15年参加六盘山山花节，现场宣传对公司产品销售很有帮助。”

“以花为媒”的做法赋予彭阳县旅游业新的生命。通过筹办山花文化旅游节，彭阳县的知名度不断提升，年接待游客突破60万人次，实现社会综合收入3.4亿元，乡村全域旅游已成为助推群众脱贫致富的新兴产业。

对于拥有丰富田园风光、深厚历史文化底蕴的彭阳县来说，发展旅游业还有很大潜力可挖。

“彭阳将继续发展全域旅游，开发建设百里画廊、五彩梯田、黄土民俗等一批精彩线路和品牌产品，并在春季的山花节之外打造秋季梯田丰收节，无论是种树还是种田，都要种出风景、种出财富。”彭阳县文化旅游广电局相关负责人说。

彭阳县大力发展基础设施建设，逐步用旅游将历史、红色等文化元素串起来，以田园观光、休闲度假、黄土民俗等为主题，打造生态游、文化游，最终使其成为全县经济发展的新引擎。

如今，彭阳县共发展了农家乐61家，其中四星级3家、三星级19家，通过以旅游示范村建设为引领，带领农民脱贫致富。下一步，彭阳县将加快推进从景点旅游模式向全域旅游模式转变，促进旅游业全区域、全要素、全产业发展，构建全域共建、全域共融、全域共享的新型旅游发展格局。

看成效：厚植绿色发展底色

宁夏回族自治区第十二次党代会提出，大力实施生态立区战

新华社记者　刘泉龙 / 摄

略，深入推进绿色发展，主动承担起维护西北乃至全国生态安全的重要使命。近年来，宁夏从坚持不懈实施生态保护修复，到打好环境污染防治攻坚战，再到打造沿黄生态经济带，生态立区战略被细化为6个方面28条。以此为指导，宁夏正着力打造西部地区生态文明建设先行区。

构筑生态屏障

夏末秋初，走进盐池县青山乡二道湖防沙治沙示范区，远远望去，广阔的草场犹如一片绿海望不到边，沙柳、花棒、杨柴等沙生植物随风摇摆，它们深深扎根，锁住原本肆意流动的沙丘。通过多年治理，这片集中连片的明沙丘已全面消除，有效控制面积达1.3万亩，实现了从沙蚀草原到复活草原，呈现出“五月草长花似海，八月盛绿惹人醉”的生态景象。

经过多年持续防沙治沙、造林种草、封山育林等生态建设，盐池县现有天然草原面积830万亩，全县200多万亩沙化土地全部披上绿装，超过120万亩退化草原得以恢复，100亩以上的明沙丘已不多见，年扬沙天气由10年前每年54次减少到现在的9次，实现了“人进沙退”的历史性转变。

遏沙逐绿，构筑西北生态安全屏障，宁夏一直在行动。多年来，宁夏持之以恒推进防沙治沙，取得了显著成效。“十二五”期间，宁夏完成治沙造林401.7万亩，森林覆盖率由“十一五”时期的11.9%提高到目前的14.6%。荒漠化土地和沙化土地面积双缩减，实现了沙化土地连续20多年持续减少的目标。

曾经荒山秃岭、沟壑纵横、水土流失严重的宁夏南部山区，如今也变了模样。经过几代人的艰苦努力、综合治理，截至2017年底，宁夏累计治理水土流失面积1.98万平方公里，治理程度达到50.6%。2018年又完成水土流失治理面积912平方公里，重点预防保护面积1224平方公里。

有“塞上江南”之称的宁夏，生态画卷中自然也少不了浓浓水韵。近年来，实施生态立区战略的宁夏，持续开展湿地保护与恢复，目前拥有湿地面积达310万亩，湿地保护率达到51%。

铁腕治理污染

“给子孙后代留下天更蓝、地更绿、水更美、空气更清新的美好家园。”为了这个目标，宁夏出台“生态立区28条”，铁腕直指环境污染。

近年来，宁夏以河湖长制为抓手，打响新时代黄河保卫战，推进黄河流域水系综合治理，黄河干流宁夏段20多年来首次连续15个月保持Ⅱ类优水质。以系统性修复为手段，宁夏对贺兰山自然保护区和外围保护地带169处整治点全面开展生态环境综合整治，彻底关停保护区内所有煤矿、非煤矿山、洗煤储煤厂等。目前贺兰山自然保护区内的破坏活动已得到全面控制，整治面积达4万多亩。

为加大污染防控，宁夏在全区范围内开展了一轮轮“散乱污”企业排查，力促企业整改，倒逼产业转型。在宁东能源化工基地这座中国煤化工产业示范区中规模较大、产值较高的园区，从2018年底开始彻底整治处于小、散、乱、污状态的127家煤场，清除一个个污染“黑疤”，因煤而兴的宁东能源化工基地开始了从黑色向绿色的转变。

防治污染，生态环境司法保护踏出坚实步伐。2019年起，宁夏各级检察机关将开展为期一年的土壤污染防治、湿地保护公益诉讼专项监督活动，重点查办污染土壤、破坏湿地环境，以及行政机关违法行使职权或者不作为的行为。

防污治污，利剑始终高悬。仅2018年，宁夏各级生态环境主管部门严厉打击环境违法行为，全年累计实施行政处罚1028起、累计处罚金额1.2亿余元。

“生态立区28条”进一步明确，建立决策实施追踪制度，全面评估决策执行对生态环境影响，建立领导干部任期生态文明建设责任制，落实生态环境保护“党政同责、一岗双责”；对区域环境质量恶化，出现重大生态破坏事件的实行“一票否决”，对造成生态环境和资源严重破坏的实行终身追责。

绿色和谐发展

绿色工厂、绿色园区、绿色产业……让经济发展更有“绿色”底蕴，让“绿色经济”变成发展引擎。以此为目标，宁夏正在深耕“绿色发展”。以首府银川市为例，一批智能制造创新中心、工业大数据分析平台、数字化车间、智能工厂不断涌现。银川绿色工厂、智能工厂、数字化车间建设数量居宁夏第一。

银川市鼓励企业实施生产线智能化改造，加快高档数控机床、3D打印设备、智能传感器等智能制造装备的广泛应用，实现装备和产品的“数字化”“智能化”升级，为传统制造业更新增长动力。

2019年，银川市培育了2家自治区级智能工厂、4家数字化车间，认定了4家首台（套）重大技术装备企业、2家制造业行业领先示范企业、2个制造业行业领先示范产品、9个自治区级制造业与互联网融合创新试点项目等。

为加大绿色制造项目扶持力度，鼓励企业绿色发展，2018年至2019年上半年，银川市先后为企业兑现2018年绿色制造体系建设示范创建资金270万元、争取自治区新型工业化资金（绿色工厂）1000多万元。

“绿色经济”发展，是宁夏建设沿黄生态经济带的缩影。“因黄河而生，因黄河而兴”的宁夏，经过多年努力，将沿黄经济区打造成为国务院确定的18个国家重点开发区之一。新时代新征程，沿黄经济区又被赋予新的“绿色使命”——宁夏回族自治区第十二次党代会提出，全力打造生态优先、绿色发展、产城融合、人水和谐的沿黄生态经济带。

将生态文明的内核嵌入沿黄经济区建设后，宁夏将以生态优先、绿色发展为导向，走出一条高质量发展与高水平保护之路。

看实践：为中国脱贫攻坚贡献生态力量

盛夏时节，茂盛的草木给六盘山披上一层绿毯。每天早上7点，马文让准时骑上摩托车开始一天的巡山。“以前这里可没有这么多绿色，山上光秃秃的。”马文让说。

马文让家住固原市彭阳县白阳镇嵕岘村，地处六盘山东麓。六盘山被称为黄土高原上的“天然水塔”，是中国西北的重要生态屏障，同时这里也是集中连片特困区。过去，百姓为了生存上山垦荒放牧，加之缺乏管护，六盘山区水土流失严重。经过几十年退耕还林、封山禁牧等一系列生态建设，六盘山恢复苍翠，当地百姓也通过守护这片绿色获得收益。2018年，贫困户马文让被当地政府聘为生态护林员，开始在家门口“上班”，每年能领取1万元补贴金。

“过去我们一家六口夏天种玉米，冬天喂牛羊，日子过得紧巴巴。现在我靠看护林草有了稳定收入，家里经济情况改善很多。”

马文让说。

目前，固原市已有7000多名像马文让一样的建档立卡贫困户转为生态护林员，实现了上山就业、家门口脱贫。

几十年前，中国有很多地方曾像固原市一样，深陷生态脆弱和深度贫困相互交织的困境。为遏制风沙、水土流失等生态灾害，促进区域社会经济发展，1978年中国在西北、华北、东北等重点地区启动“三北”防护林工程，揭开中国大规模生态建设的序幕。

“三北”防护林工程范围包括中国北方13个省（自治区、直辖市）的551个县（旗、市、区）和新疆生产建设兵团，总面积406.9万平方公里，占中国陆地面积的42.4%。据国家林业和草原局三北防护林建设局工作人员介绍，40年来，工程累计完成造林保存面积3014.3万公顷，工程区森林覆盖率由1977年的5.05%提高到13.57%。

“三北”防护林工程覆盖区域不仅是中国林草植被最稀缺、生态产品最短缺、治理任务最繁重的地区，也是脱贫攻坚战的重点和难点区域。因此，持续的生态建设为中国北方筑起一座“绿色长城”的同时，也为调整当地农村产业结构、拓宽增收渠道、增加农民收入作出积极贡献。

“三北”防护林工程在坚持生态优先的前提下，统筹生态与经济协调发展，走出一条造林种草与增收致富、生态建设与民生改善相统一的发展路子。据了解，目前“三北”防护林工程已初步在黄土高原、新疆绿洲、燕山山地建成三大特色林果产业带，成为区域农牧民脱贫致富的重要产业。与工程启动之初相比，“三北”地区经济林面积由105.73万公顷增加至2017年的405.67万公顷，年产值达1200亿元，约1500万人依靠林果业实现稳定脱贫。

除发展特色林果产业增收外，“三北”防护林工程也在不断创新生态修复扶贫模式，如吸纳贫困户为生态护林员、安排贫困户参与造林绿化等，不断拓宽工程区百姓的绿色增收渠道。

数据显示，中国仍有83.7%的沙化土地、67%的水土流失面积和1/3的国家级贫困县（区）分布在“三北”地区。在固原市召开的“三北”地区生态扶贫现场会上，国家林业和草原局三北防护林建设局工作人员说：“下一步，‘三北’防护林工程将加大林草总量，每年完成营造林1000万亩，并通过推进生态修复脱贫、生态保护脱贫、生态产业脱贫等方式，力促‘三北’地区生态扶贫持续健康发展。”

第七章

扶贫扶智：阻断贫困代际传

扶贫要扶智，但更要扶志。习近平总书记多次强调，要注重扶贫同扶志、扶智相结合。宁夏培育贫困地区和贫困人口的内生动力，激发贫困群众脱贫致富的内在活力，提高贫困人口的自我发展能力，加强思想教育和文化教育，提高贫困人口的素质，阻断贫困的代际传递。在实施对困难群众的外部条件帮扶的同时，更应着重做好贫困群众的思想工作，有效激发贫困户的脱贫主动性和积极性。

1 “志智双扶”必须精准施策

习近平总书记强调，扶贫先扶志，扶贫必扶智。扶志就是扶思想、扶观念、扶信心，帮助贫困群众树立起摆脱困境的斗志和勇气；扶智就是扶知识、扶技术、扶思路，帮助和指导贫困群众着力提升脱贫致富的综合素质。

蓝天白云之下，一栋栋红色教学楼整齐排列，旁边是数控、汽修、马铃薯脱毒种薯等20多个实训室……这是位于西海固地区的固原市西吉县职业中学，能容纳超过3000名学生学习“一技之长”。

近些年，宁夏各级政府先后投入8319万元改扩建这所职业学校，最终形成占地面积150多亩，建筑面积达4万多平方米的规模。

由于受贫困和办学条件等因素制约，西海固地区很多初中毕业生过早流入社会，形成新的扶贫对象。“扶贫先扶智”，教育是精准脱贫并阻断贫困代际传递的最有效的方式之一，而职业教育最直接、最现实、成本最低、见效最快。

近几年，宁夏下大功夫抓贫困地区职业教育基础建设，投入近9亿元在西海固地区新建、改扩建 7 所职业学校，同步配套了一批教育教学设施设备。其中，固原市职业技术学校和西吉县职业中学、隆德县职业中学、海原县职业教育中心成为国家级中等职业教育示范学校。

在办学条件大为改观的同时，宁夏还加大政策支持力度，做到“应助尽助”，解决学生“上得起学”的问题。据了解，宁夏于2013年以省（区）为单位实现了中等职业教育全免费，家庭经济困难学生和六盘山连片扶贫开发区学生还享受每生每年2000元的生活补助。

2016年，针对固原市本地职校生源基本来自农村，大部分学生家庭经济困难，难以承担相关学习费用的实际，在国家“一免一补”资助政策基础上，宁夏回族自治区人民政府为固原市批准特殊支持政策，对在市内就读的固原籍中职学生免除全部住宿费、书本费，每生每年增补生活补助500元。

“免费政策打消了贫困家庭送子女上职校的后顾之忧，既有利于维护社会稳定，又能让这些孩子更好就业。”固原市教体局工作人员说。

西吉县职业中学负责人介绍说：“学校80%的学生来自贫困家庭，正是资助政策不断完善，让学校的生源越来越好，学生数量越来越多。”

积财千万，不如一技在身。在宁夏，职业教育产生的脱贫效应正逐步显现。就读中职、高职的贫困家庭学生中，97%的毕业生实现了一次性就业，有力促进了贫困家庭脱贫致富。

“这几年学校就业质量逐年提高，一些毕业生的工资比大学本科生还高，实现了上学一人、就业一个的目的，职业教育在贫困地区真正称得上是拔穷根的教育。”固原市职业技术学校负责人说。

发展职业教育、助力精准脱贫，必须有一批好学校、好老师。尽管宁夏职业教育发展迅速，但不均衡、不协调问题依然十分突出，师资力量薄弱和结构性矛盾同时存在，实验实训资源紧张，贫困地区职业学校远不能满足职业教育发展需求。为此，宁夏制订《职业教育助推精准脱贫工作实施方案》，并出台了《中等职业学校对口结对帮扶工作实施方案》，推动贫困地区中职学校结对帮扶，以期抓好学校建设、教师培养两个重点，进一步提高贫困地区职业教育水平。

2 “志智双扶”必须多措并举

宁夏一直面临优质教育资源短缺、教育发展不均衡等难题。2018年7月，教育部批复宁夏建设全国“互联网+教育”示范区，教育部帮助做顶层设计、全国知名专家汇聚宁夏全程指导、全区教师敞开怀抱积极应用……经过一年多探索，宁夏教育插上“互联网+”的翅膀，开启了当地教育高质量发展的新征程。

千里教学“一线牵”

“请原隆小学和二十一小学的同学举起你们的作品……老师看到了，你们剪得非常棒！”

通过一方电子大屏，宁夏银川市第二十一小学和闽宁镇原隆村原隆小学五年级学生，正与相隔1000多公里的北京市中关村第三小学学生共享“动态之美”艺术课堂。“娃娃们之前几乎没上过美术课，这学期有了同步课堂，非常激动，我也学到很多。”原隆小学教师张慧霞说。

教育是获取知识、促进起点公平的关键。而在宁夏一些农村地区，教育资源和当地土地一样“贫瘠”：不少教学点只有一名承包全科的老教师；当城里娃能与外国人流利对话时，山里娃甚至还讲不出标准的普通话……

“互联网+教育”可以突破地域、时空限制，将优质数字教育资源输送到农村学校和薄弱学校，在较短时间内以较低投入提高教学水平，缩小办学差距，推动教育均衡发展。

在政府主导下，宁夏全区所有学校（含教学点）全部接入互联网，百兆以上网络宽带学校覆盖率从2018年初的25%提升到100%，其中46%的学校网络带宽已达到200兆以上。

“信息高速公路”让宁夏更多贫困地区的孩子能听到优秀教师的讲课，开拓他们的眼界。目前，全区60%的中小学校通过在线互动课堂，实现同步备课、同步上课、同步辅导，有效解决了薄弱学校和农村边远学校教师结构性短缺，开不好开不齐英语、音乐等课程的问题。

“我们将不断扩大同步课堂覆盖面，争取2021年全区所有学校都能开设同步课堂。”宁夏回族自治区教育信息化管理中心负责人说。

颠覆传统提质量

一根粉笔、一块黑板、“一言堂”的授课方式，已难跟上时代大潮。

在银川市第十五中学七年级英语课上，学生六人一组，观看教师张培通过“教育云”平台随机播放的朗读课文的视频，这是他们昨晚的预习作业。随后，张培将导学习题推送至学生手中的平板电脑，让学生合作完成，大屏上实时显示完成人数与正确率。针对大数据分析出的主要问题，张培先让学生探究学习，随后重点讲解。

从灌输式学习到自主、合作、探究学习——借助信息技术，课堂“权杖”正逐步移交到学生手中。

而这一切，都离不开“教育云”这个平台。

打破资源壁垒和信息孤岛，宁夏建成统一管理运营、供全区师生及社会公众免费使用的省级“教育云”平台，汇集国家、第三方和本地优质资源2300多万件，教学和管理软件100多个，涵盖各级各类学校教研、评价、服务等内容。

目前，宁夏已有77%的中小学教师利用“教育云”提供的课前导学、同步备课、互动课堂等功能，开展教学活动。

“起初很多教师不愿接受，现在不借助信息化就感觉落伍了，确实是看到这种教学的优势了。”银川市二十一小教研室负责人说。

面向未来育新人

作为教育系统性变革的内生力量，“互联网+”不仅改变了传统的课堂形态，而且颠覆了传统的学校结构；不仅改变了教与学的方法，而且变革了教育模式，甚至重塑教育业态。

如今，宁夏有的学校建起机器人、人工智能、创客教室等现代化教学功能室；有的学校开设3D打印设计、智能机器人拼装、云厨房体验、编程等跨学科综合素质培养课程；还有的学校将传统课程与现代技术融合，开设了智慧书法教室、智慧音乐教室……

“接触课本之外的新事物，孩子综合能力会更强，今后选择就

新华社记者　王鹏 / 摄

会更多，能更自信地适应社会‘大学校’。”银川市兴庆区回民第二小学海宝校区负责人说。

如果说“互联网+”拓宽了中小学生创新素养教育的渠道，那么对于更加面向市场的职业教育，“互联网+”则让职教学生在教室“实习”，把“纸上”得来的知识转化成急需的技能。

宁夏财经职业技术学院开设“汇财代理记账工作室”，让学生在课堂上为厦门代理记账公司远程记账；宁夏职业技术学院纺织与服装技术系学生通过一体机，向服装厂高级设计师“隔空”学习最新制衣技术……

“‘互联网＋’实现了产学深度融合，培养了一批动手能力强的学生，他们能更快适应工作岗位，就业率大大提升，本校毕业生如今供不应求。”宁夏职业技术学院负责人说。

3 “志智双扶”必须创新方式

16岁的马红兰匆匆赶往报告厅，参加一场名为“虚拟现实助力西部地区职业教育创新”的会议。

“不知道VR（虚拟现实）是什么，想去听听。”马红兰笑着说。

马红兰来自固原市西吉县西滩乡大岔村，目前就读于西吉县职业中学学前教育专业。在此之前，与学校其他3000多名同学一样，VR对她而言是一个完全陌生的名词。

“目前我们已在西吉县职业中学设立了VR教学实训基地，打造了西部地区最先进的虚拟现实教育环境。”HTC VIVE中国区负责人在会议上说。

此次会议由西吉县职业中学和HTC VIVE联合举办，多位VR企业负责人和职业教育人士与会，共同探讨VR技术与实验教学的深度融合，以提升宁夏职业教育的信息化水平。

虚拟现实又称VR，是一种综合利用计算机图形系统和现实中各种接口设备，在计算机上生成可交互的沉浸式环境的技术，VR设备就是将虚拟世界和现实世界连接的入口。

设在西吉县职业中学的VR教学实训基地提供了软硬件一体解决方案，可以实现教师与多至50名学生在虚拟现实场景内进行互动。

西吉县职业中学旅游专业的40余名学生上了第一堂VR实训课程，在现场技术人员和授课教师的帮助下，学生们戴上VR头戴式设备，模拟进行了档案整理、旅行行程安排等训练。

学生刘荣第一次接触VR设备，完成了表格制作的课程任务，“设备易于操作，课程很有意思。”刘荣说。

教师杨婷婷说：“多数学生在2分钟左右便能掌握设备使用方法，对课程内容也表现出较强兴趣，备课很方便，容易上手。”

目前，实训基地已配备了分别适用于室内设计、汽修和旅游专业的VR实训软件。未来，学生们可以通过VR技术模拟进行发动机拆装、室内装饰设计等。

西吉县每年向外转移输出富余劳动力10万人以上。围绕汽车运用与维修、设施农业生产技术、旅游服务与管理、学前教育等专业展开的职业教育，在提升当地劳动力技能和素养中扮演了重要角色。

西吉县职业中学负责人说：“VR技术应用于职业教育领域，能够令学生在生动、逼真的学习环境中，高效并熟练掌握所学技能。”

业内人士认为，VR技术应用于教育是一个飞跃，可以节省成本，打破时空的限制。比如，在节省成本方面，一些贫困地区职业学校虽然配有实训设备，但却因为实操耗材经费不足，根本用不起。而利用VR技术，学生足不出户便可以做各种实验，获得与真实实验一样的体会，在保证教学效果的前提下节省了成本。

为了在教育领域建立VR课程制作、考评、使用的标准，鼓励更多教师开发VR课程内容，HTC VIVE发起了“千人名师计划”，定期提供VR课程制作培训，举办VR课程大赛评优选优。

随着VR实训基地的启动，VR课堂在西吉县职业中学将越来越常态化。借助这一现代科技，马红兰们的职业成长之路也许会更为平坦。

4 “志智双扶”必须扶德扶勤

2016年11月3日，天宫二号航天员景海鹏通过视频朗读了一封信。听到身处太空的景海鹏叔叔读出“中宁县宽口井中石油希望学校春蕾女童合唱团”这几个字时，13岁的小姑娘柯原激动地“心都要跳出来了”。

“我们梦想有一天，太空邮局能把我们的歌儿送上太空，那样，我们就可以对着地球上所有的人唱歌儿！”

时至今日，柯原仍然可以几乎一字不差地背诵信的内容。

正如自己的信有幸被“几十万里挑一”选中一样，柯原觉得自己也足够幸运，能够搬出大山、坐进宽敞明亮的教室、跟着专业的教授学音乐……

改变，从2012年开始。

2012年，包括柯原一家在内的海原县1665户家庭，从深山集中搬迁到中宁县宽口井生态移民村。路程很远，大巴车足足开了四五个小时。

从触目千沟万壑的黄土地到满眼红艳艳的枸杞园，从曲折的山间小路到平坦的水泥马路，从几间破败的校舍到红墙蓝瓦的宽敞校园，这些变化令人欣喜。

"以前在老家是把雨水、雪水都收集进水窖里，然后用绳子勾住桶把水打出来，烧水、做饭、饮羊都靠它。"柯原说，"现在自来水接进了屋里，干净又方便。"

干旱缺水，是根植于黄土高原世代人内心的共同记忆，就如同深深嵌在大地上的一眼眼苦水窖。

深山里的农业也是广种薄收。柯原的爷爷柯具山说："老家有好几十亩地，一直种小麦和胡麻，雨水好的年份每亩地能打100多斤小麦，很多时候只有二三十斤。"

为了破除"越穷越垦、越垦越穷"的恶性循环，自20世纪80年代开始，宁夏在西海固地区先后实施了一系列移民工程。

搬到宽口井后，每户移民家庭都分到了水浇地和养殖棚圈。他们把土地流转给枸杞种植企业，年轻壮劳力外出务工，妇女一般留在家里照顾老人孩子，农忙时在附近地里打零工，每天能挣100元左右。

然而，生态移民的最终目标绝不仅仅是改善基本的生存环境，而是追求更深层次的发展。落实到孩子身上，就是更好的教育。

“几年前，当一个女学生说要辍学回家结婚时，我震惊了。”宽口井中石油希望学校负责人说，“如果家长、学生们的思想不转变，建再漂亮的学校又有什么用呢？”

在过去很长一段时间，由于经济欠发达、重男轻女等原因，山区女孩十五六岁就嫁人的现象比较普遍。柯原的妈妈、大姐都是如此。

针对现状，学校方面并不急着抓成绩，而是从“养成教育”抓起，让这些孩子逐渐培养起学习、生活方面良好的习惯，并通过组建足球、剪纸、绘画、音乐等兴趣小组丰富孩子们的业余爱好。

或许是因为家乡有着唱“花儿”的传统，柯原从小就爱唱歌，也很有音乐天赋，经常对着大山唱，对着牛羊唱。只是，山很大，声很小，梦很远。

柯原说搬家前她去过的最远的地方就是外婆家，那里也是一片大山。

2015年7月，宽口井中石油希望学校春蕾女童合唱团正式成立。有了专业的声乐训练，唱歌有了钢琴伴奏，柯原的音乐梦想被点燃。

“我一直都在关注山区女童这个群体，所以当校长找到我说想要成立合唱团时，我没有犹豫就答应了，因为我觉得音乐可以扶贫、更能够扶志。”就这样，已经60多岁的北方民族大学音乐舞蹈学院教授刘阳生，开始了每周一次往返银川和中宁的义务教学之路。

女孩们不知道，刘教授其实是有雄心的。中国国际合唱节每

新华社记者 刘泉龙 / 摄

次都会资助一个来自贫困地区的合唱团。“我想帮这群有梦的孩子登上更大的舞台，让全国甚至全世界人都看到，在中国最贫困的地区，有这样一群爱唱歌、有梦想的女孩。”

千难万难，不负众望。2017年7月，由40名回族女孩组成的宽口井中石油希望学校春蕾女童合唱团带着一曲《家乡的枸杞熟了》，登上了第十三届中国国际合唱节的舞台。

“当看到介绍这些孩子家庭状况、生活背景的宣传片时，人民大会堂台下很多观众都热泪盈眶。”刘阳生说。

那次是柯原和同学们第一次去北京，演出结束后他们还一起去了天安门、长城。“北京，比我想象中更大、更美。”柯原说。她想以后考清华大学，想继续学习音乐，想当节目主持人……

宽口井中石油希望学校负责人感慨地说：“几年来，学校的高中升学率逐渐上升，学生也变活泼了，爱说爱笑了。更重要的是，无论男孩女孩，学生们的眼界宽了、志气大了。”

被称为大西北之魂的民歌“花儿”，还有另外一层寓意——少年。“花儿”的歌声，是少年的梦想和远方。

“我是唱花儿的花儿哟，我的花儿唱绿辽阔的黄土大高原，再苦再累都觉得甜……”在阳光明媚的操场上，柯原和她的小伙伴经常唱起这首歌曲。

5 “志智双扶”必须久久为功

在固原市原州区，建档立卡的当地贫困户中职、高职学生不仅全部享受雨露计划助学补贴，而且申请审核快捷便利，学生报名不用村、乡、县“三级跑”，只需在手机软件上点一下即可。

作为专项扶贫措施，雨露计划以财政扶贫资金扶持为主，动员社会力量参与，旨在通过资助、引导农村贫困家庭劳动力接受职业教育和各类技能培训，以“直补到户、作用到人”的方式，扶持和帮助贫困人口增加就业发展机会和提高劳动收入。

宁夏从2010年开始实施雨露计划，到2014年试点区域由3个县扩大到9个贫困县（区），共资助中职、高职贫困学生3.5万余人，成效显著。

为了进一步扩大雨露计划覆盖面，作为全国雨露计划信息化管理服务首个试点省（区），宁夏2018年以推广应用雨露计划信息管理服务系统（包括App）为平台，整合多方资源，将全区建档立卡贫困户子女全部纳入，接受本地和异地高等职业教育、中等职业教育及一年以上技能培训的学生家庭，每学年将享受补助1500元。由于申报流程化繁为简，2019年雨露助学补贴的申报学生已达2.67万人。

“我的补贴申请正在审核。”固原市职业技术学校二年级学生马霞指着手机上的雨露计划App说，她第一次用手机报名，随时都能查看填写的资料、提交审核的情况。

新平台在方便学生的同时，也提高了部门审批的效率。以前每个申请者需递交五六份纸质材料，经由村、乡镇、县（市、区）、自治区层层审批。如今，管理者网上审核就能完成申报。

借助雨露计划网络系统，多种技能培训等也能轻松直达农村，农民只要有一部能上网的手机，下载软件后，便可及时了解扶贫资讯，浏览村干部发布的信息，学习农业生产技术。

为免除农民使用软件、担心话费超支之忧，宁夏回族自治区扶贫办定制了专门的套餐服务。参与扶贫的中国联通2019年推出了雨露惠农包和学生卡，话费、流量均大幅优惠，深受当地农民和学生的欢迎。

据了解，宁夏回族自治区扶贫办发布的扶贫信息点击量达10万余次，上传的实用技术培训课程点击量近7万次。农民、学生还可以在平台上随时反馈意见和建议，双向及时沟通长效机制逐步形成。

互联网的引入，使宁夏推进雨露计划越来越精准。今后，宁夏还将加强对审报流程和信息的管理、监督，进一步细化雨露政策措施。

看变化：走出贫困山区，实现人生梦想

破晓时分，12岁的郭运运和弟弟妹妹已经起床，洗漱完毕，吃完早餐。他们要步行一个小时去上学。他们就读的陈岔小学距西吉县城约40公里，是县里最偏远的小学。这所小学位于震湖乡，没有校车，在校门口也看不到接送孩子上学、放学的父母大军。和运运一样，所有孩子都必须自己走路上学、回家。

陈岔小学只有3栋平房共48名学生，分散在5个年级和1个学前班里。校长张强的脸饱经风霜，粗糙得如同学校四周的山丘，手上布满劳作留下的伤痕。“当教师真不容易，不光自己要有知识，还要能把学到的教给学生。”他说话时声音平和冷静，脸上

泛起微笑。

张校长是陈岔小学任职时间最久的教师，但也不过才刚刚两年。在宁夏南部山区，不少农村小学师资不足，教师们要在县内不同小学间调动。

陈岔村户籍住户有363户。实际上，2017年村里只住了180余户，其他人要么外出务工，要么已移民搬迁。留下来的人中，132户的生活水平处于国家贫困线以下。

郭运运一家2016年收入约1万元，是建档立卡贫困户。他妈妈非常要强，也为自己的孩子感到骄傲。她很少出门，每天忙着干农活和照顾孩子，就算出门也不怎么打扮。她从没想过自己和丈夫能离开这个村子，但却期盼自己的孩子能走出山沟，去首府银川上高中。然而，实现这个梦想也意味着家人之间将要短暂分离。

宁夏六盘山高级中学是宁夏专门接收贫困地区学生的中学之一。几乎每一个在宁夏的贫困家庭都希望自己的孩子能通过入学考试，到这里免费读高中。当地教育部门为每位学生提供津贴，资助他们的学习和生活花费。

“我们学校是在银川专门设立的一所扶贫高中。”宁夏六盘山高级中学负责人说，“我们坚持提供高水平教育、让贫困孩子有书读、完全免费的办学原则。”

宁夏六盘山高级中学的学习氛围浓厚，学校鼓励学生积极参与课堂活动、多提问题，学生们非常自信。

20多年前，宁夏绝大多数人口居住在农村。到了2016年底，宁夏总人口的56.3%住进了城镇。

宁夏六盘山高级中学的大部分学生也希望将来能够留在城里。毫无疑问，中国下一波劳动力大军将具有更多技能，更重要的是，他们会有更多创意。六盘山高级中学的学生们在假期返家时参加社会调查，调研自己家乡的问题，并根据自己在城市生活的经验和学到的知识提出解决方案。

他们尝过贫困的滋味，而他们学到的知识，可能正是中国未来终结贫困的秘诀之一。

他们，是宁夏甚至是中国的未来。

看举措：培养农村实用人才

固原市多举措开展农民培训工作，积极推进乡村人才振兴，培养了一批爱农业、懂技术、善经营的农村实用人才，为脱贫攻坚和乡村振兴奠定了坚实的人才基础。

固原市以农业特色产业为平台，把农民培养成农村实用人才，把实用人才培养成致富带头人，由致富带头人带动群众发展产业，形成群众跟着致富带头人走、致富带头人跟着产业走、产业跟着市场走的人才培养模式。2019年，全市筛选认定挂牌“固原市农村实用人才培训基地”50个，建成农民“田间学校”57个，广泛开展农村实用人才培养。

固原市还组织农村“两个带头人”、新型经营主体带头人、建档立卡贫困户在市内、自治区内产业基地培训实训，赴西北农林科技大学、湖北农科院、青海农科院等科研院校及山东寿光等产业基地实地学习。通过学习肉牛、马铃薯、冷凉蔬菜、休闲农业及美丽乡村建设等区内外产业先进技术、典型发展模式和脱贫攻坚模式，使农民开阔眼界、转变观念、提升能力，目前已累计培训农民10万余人次。

截至2018年底，固原市共培养农村实用人才7万余人，占乡村人口总量的6.2%，培育致富带头人6499名，领办农业产业化龙头企业123家、合作社示范社788家、家庭农场611家，带动非成员农户13.6万户增收致富。

看实践：把优质教育资源带进大山

“互联网+教育”正在改变越来越多山里娃的课堂生态。

“我们请杨河教学点第一排第一位同学来朗读《精卫填海》。”在固原市西吉县吉强镇中心小学四年级的在线课堂上，语文教师蒙晓敏与班里的几十名同学看着大屏幕，与学区内另外3所学校的100多名学生同上一堂语文课。

杨河教学点距这所中心小学仅8公里左右，但因山大沟深，留下的村民甚少，四年级只有5名学生。被点到名的男孩站起来，用不太标准的普通话声音洪亮地朗读了这篇课文。朗诵完毕，蒙晓敏首先鼓励、表扬了他，随后又调动自己班级的学生来纠正他朗诵中的错误。针对教学点学生朗诵中缺乏适当停顿的问题，蒙晓敏将“诵古文，巧停顿”写在黑板上，并带着同学们一起在需停顿处做标记，再让教学点的同学朗读。

“山村孩子受方言影响较深，让孩子们互相纠正，能更有效调动他们的积极性。”蒙晓敏说。

吉强镇中心小学负责人说：“这种‘一拖三’模式的在线课堂在西海固地区正逐渐成为常态。”县城或者乡镇教育资源更丰富的学校与规模较小的学校和教学点结成“联盟”，统一课表和上课时间，借助网络共享优质课堂。

据了解，西吉县生源不足10人的教学点有54所，大多存在教师结构不合理、年龄老化等问题，音体美等专业师资更是严重缺乏。

“‘互联网+教育’虽不能取代乡村教学点的教师，但已经成为补齐乡村薄弱学科短板的重要法宝。”西吉县教体局相关负责人说。

在西吉县，这种“一拖三”在线课堂已覆盖了15个乡镇的教学点。而从全区范围来看，自2018年7月成为全国首个“互联网+教育”示范区以来，宁夏加快推进步伐，目前所有学校（含教学点）都以不同方式接入网络，85%的班级配备数字化教学设备，并推动城镇130多所优质学校与乡村270多所薄弱学校结对帮扶，解决农村薄弱学校教师结构性短缺，开不齐、开不足课等问题。

优质教育资源跟随这根网线“下沉”乡村的同时，乡村师生也顺着这根网线加强与外界的沟通交流。“长期不和人交流，教师除了讲课，什么话都不会说了，娃娃们也很内向。”44岁的乡村教师杨英说。

杨英任教于吴忠市同心县丁塘镇华路坡教学点，这里除她外还有一名校长和3个年级的12名学生。当校长外出培训时，她需要一人完成3个年级语文、数学等全科目教学。自这学期在线课堂开通以来，杨英“一人包全科”的负担大大减轻，同时也学到不少新的教学方法。她从丁塘镇中心小学教师那里学会了五线谱，经常在音乐课上和学生们一起跟着屏幕那头的师生唱歌。“以前每天备课到很晚，现在轻松多了，娃娃们学，我也跟着学。”杨英说。

如今，每周和中心小学“连线”的10节课成了华路坡教学点师生最期待的事。“从电子屏幕上可以看到很多其他小朋友，他们回答错了我还纠正他们，特别好玩。”只有一个二年级玩伴的马晓军说。

然而，大山里信号差、网速慢，画面、声音时有延迟和卡顿，这是“在线课堂”的最大阻力，因此以流畅、高速著称的5G成为乡村教育工作者最大的期盼。

“随着5G网络的覆盖和‘互联网+教育’的深入推进，我相信所有乡村小学的孩子都能享受到优质、流畅的互动课堂，我们的乡村教育将越来越好。”西吉县教体局相关负责人说。

第八章

社会帮扶：内外联动聚合力

消除贫困，实现共同富裕是全社会的共同责任。社会帮扶，是宁夏脱贫攻坚取得最后胜利的决定性力量之一。一直以来，全区社会力量积极投身脱贫攻坚主战场，初步探索出村企一体、户企联营、社企合作、银企助农等帮扶模式，涌现出一大批社会帮扶的典型，发挥了社会帮扶的巨大作用。

1 加大资金投入保障

建立与攻坚任务相适应的投入保障机制。2020年下达各级各类扶贫资金100.74亿元，其中中央财政专项资金29.8亿元、自治区财政专项资金12亿元。加大非贫困县（区）支持力度，分配资金13.4亿元。强化扶贫资金绩效管理，实现审计全覆盖，扶贫资金绩效评价连续三年被评为优秀等次。2020年1—8月，新增扶贫小额信贷37.8亿元，贷款余额达69.6亿元，贫困人口户均贷款5万元，覆盖了73.6%的建档立卡贫困户。

2 深化闽宁扶贫协作

闽宁对口扶贫协作是习近平总书记在福建工作期间，亲自倡导、亲自推动的重要战略决策。24年来，闽宁两省区按照习近平总书记的战略谋划和顶层设计，认真落实东西部扶贫协作座谈会精神，不断拓宽协作领域、丰富协作内容、提升协作水平，结出了丰硕成果，成为“东西部扶贫协作和对口支援的一个生动例子”。24年来，福建省共投入各类援宁资金30.46亿元，实施一批扶贫项目，建设扶贫车间188个。目前，在宁闽籍企业和商户达5700多家，从业人员超过8万人，宁夏在闽稳定就业人员达5万人。2020年，福建省投入援宁资金5.3亿元，实施项目218个，闽宁对口扶贫协作援宁群体被中宣部授予“时代楷模”称号。按照闽宁协作机制，2020年9月4日在宁夏召开闽宁互学互助对口扶贫协作第24次联席会议，福建省党政代表团来宁参加会议。会上，福建省委书记于伟国强调大力宣传弘扬闽宁对口扶贫协作援宁群体的“时代楷模”精神，坚决扛起政治责任，共同奏响携手奔小康的时代和声；要拿出实招硬招，深化产业帮扶、就业帮扶、消费帮扶、人才帮扶，共同攻克最后的贫困堡垒；要突破重点难点，以产业兴城、以产业聚人，共同推动闽宁镇产城人融合；要加大舆论宣传，深入总结成功经验，共同讲好闽宁协作的感人故事；要拓展广度深度，编制好闽宁协作“十四五”规划，推动脱贫攻坚与乡村振兴相衔接，共同谱写新时代闽宁协作新篇章。

3 加强基层组织力量

实施选优配强村党组织带头人、培育壮大脱贫致富带头人“两个带头人”工程，选优配强贫困村“两委”班子。强化驻村工作队管理，在保持队伍总体稳定基础上，及时调整第一书记和工作队员193名，目前有第一书记和驻村帮扶干部4203名。在团中央的大力支持下，宁夏回族自治区党委、政府选派700多名西部计划志愿者到贫困县（区）开展扶贫工作。强化扶贫干部培训，分级分类举办培训班99期，培训干部2.5万人次，新任驻村干部和乡村干部轮训率达100%。

4 激发群众内生动力

坚持“富脑袋”和“富口袋”并重，办好新时代农民讲习所，采取正向激励、竞争性扶贫等措施，对积极主动脱贫的贫困户给予项目资金倾斜，激活贫困群众内生动力。深入开展移民易俗行动，推行乡村治理积分卡和文明实践积分制度，评选表彰脱贫先进村、光荣户，用身边人、身边事示范带动，营造勤劳致富、脱贫光荣氛围。

看践行1：信用叩开致富门

甩掉建档立卡贫困户帽子后，于红喜还有一个更强烈的愿望——致富。

于红喜是固原市泾源县兴盛乡上金村农民，在脱贫攻坚的利好政策帮助下，辛勤养牛脱了贫。像他这样的脱贫户在西海固核心地区有9.75万余户，他们中越来越多人通过金融扶贫叩开了致富大门。

“银行可根据农户信用确定贷款额度和利率，真正让信用变资源、资源变资金、资金变收益。”宁夏黄河农村商业银行支农业务部负责人说。以前除建档立卡贫困户可享受5万元小额信用贷款外，一般农户需要满足“担保+抵押”才可贷款，现在大大扩宽了可贷款人群，那些无人担保、无物抵押但有信用的农户也能顺利贷到款，进而解决致富路上缺资金的难题。

在金融活水的浇灌下，西海固地区已出现产业快速发展和贫困户收入稳定增长的双赢局面。

当信用变成资本

于红喜正在牛棚里添草饮牛、清理棚圈，20头皮毛油亮、壮实健硕的肉牛正在吃草料。“我打算再扩建一排牛槽，增加存栏30头。”于红喜说，“如今养牛越来越有信心。”

2020年，宁夏黄河农村商业银行根据于红喜的养殖规模和信用记录，批给他最高30万元的贷款授信额度，扩大养殖规模资金支持充裕。

这一切得益于于红喜近几年积累的良好信用。2017年他通过政府贴息贷款5万元，2018年又通过担保贷款贷了10万元，2020年6月已如期把两笔贷款悉数还清，这成为他能拥有30万元贷款额度的重要前提。

像于红喜一样，现在西海固地区很多信用度高的农户能享受到最高30万元的信用贷款。信用在西海固地区已变成非常值钱的资本。“信用度越高，贷款额度越大，利率越低。”宁夏黄河农村商业银行支农业务部负责人说。他们在对18岁以上、65岁以下，有行为能力、有产业，无不良嗜好的农户进行信息采集、评级授信后，都要乘以“信用记录”这一系数，所以最终能贷多少，都基于信用。“我们就是要以信用为杠杆，强化农户诚实守信意识。”

农户要获得信用贷款，手续也十分便捷。固原市隆德县凤岭乡李士村养牛大户何国龙说：“以前想贷款要四处去找担保人，而且担保人一般还得是‘吃财政饭’的，特别难，现在啥时候需要用钱，随时就能在手机上操作。”

“买牛的时候需要多少就用多少，用完后立马还回去，贷款像存款一样方便，用一天算一天利息。”何国龙说。2020年开春，他贷款8.8万元买了4头牛，3个月后就全额还款。当谈到支付的利息金额时，他想了半天都没想起来。“不多，懒得去算了。”何国龙笑着说，“像这样，农村发展能不快吗？”

整村授信的底气

随着越来越多农民从脱贫转向致富，面向贫困户的授信额度已不能满足发展需求，整村授信应运而生。

新华社记者　王鹏 / 摄

整村授信的实质是把针对贫困户的金融政策拓展到一般农户，让有发展能力、发展意愿、产业基础的农户实现应贷尽贷。整村授信是对全村农户进行普惠建档、普惠评级，并把贷多贷少、利率定价权交由农户信用决定，大大解决了农户抵押物不足问题，也提高了农户贷款的便利性和获贷率。

2020年，宁夏黄河农村商业银行在宁夏启动整村授信工程，截至6月30日，已对43.14万户农户完成整村授信信息采集和评级授信，发放信用贷款353.7亿元。未来3年，该行还将对宁夏所有行政村农户进行建档评级，发放30万元以内、免担保免抵押、优惠利率的贷款。

之所以在西海固地区推广整村授信，得益于多年来当地农村信用体系的培养。

这方面有两条举措值得圈点。

一是分类释放非恶意逃废债的“黑名单”农户、贫困户，对符合条件的继续给予信贷支持。截至目前，仅固原市就已累计释放“黑名单”贫困户1.77万户，占“黑名单”总数的58%。这一信用二次重建举措，使这些贫困户得以从背景复杂的失信状态解脱出来，同时整体提高了农村的信用度。

二是一些银行通过配套开展农村“金融夜校”、金融讲习所等活动，提高百姓信用意识，规避信用风险，同时联合村里建立信用小组，守信联合奖励，失信联合惩戒，有效改善了农村的信用环境。

这些举措也提升了银行机构对农户的信任感。“以前，确有一些人把贷款当扶贫款，不珍惜、不还贷。近年这种现象大为减少。

我与农民打了20多年交道，绝大多数农民是很讲信用的，虽然抗风险能力弱，但即便今年遇到特殊情况还不上，明年好了也一定会还。”固原市农村商业银行工作人员说。

当金融扶贫完成脱贫任务后，未来如何打造金融扶贫升级版，支持乡村振兴是西海固地区金融扶贫要应对的新课题。

看践行2：国家定点实施立体式帮扶

吴忠市红寺堡区是我国最大的易地扶贫搬迁集中安置区。作为红寺堡区定点帮扶单位，国家烟草专卖局通过立体式帮扶，在助力当地产业提档升级、基础设施建设、消费扶贫等方面发挥积极作用。

2011年，国家烟草专卖局捐资1亿元支持红寺堡区经济社会发展，同时，针对红寺堡区工业薄弱，就业困难的现实情况，投资3.7亿元建成宁夏弘德包装材料有限公司，稳定解决红寺堡区就业300余人，带动红寺堡区周边移民村157人就业（含建档立卡贫困户及残疾人69人）。

2015年10月，经国务院扶贫办批准，国家烟草专卖局被确定为红寺堡区定点帮扶单位。自建立帮扶关系以来，国家烟草专卖局主要负责人多次到红寺堡区为定点帮扶工作把脉定向，先后选派两名优秀同志到红寺堡区担任挂职扶贫干部。

自建立帮扶关系以来，国家烟草专卖局主要在以下方面发力用劲：一是积极支持红寺堡区发展特色优势产业，实施“中烟精准到户扶贫项目”——养牛饲草料补贴项目，建成中烟“飞地”养殖园区，支持肉牛集中养殖产业发展。二是探索“党建+扶贫”的定点扶贫模式。财务司党支部和运行司党支部分别与红寺堡区红寺堡镇弘德村和同原村结为对口帮扶单位，开展党支部联学联建活动；拨出专项资金用于支持红寺堡区脱贫攻坚，选取10个贫困村，按照每村每年10万元的标准，连续补助3年，用于建设基层党组织活动场所或支持发展村集体经济。三是积极开展消费扶贫，采购红寺堡区黄花菜、枸杞、葡萄、优质牛羊肉等农特产品累计超过1000万元。四是坚持扶贫同扶志、扶智相结合，突出技能培训，促进输血式扶贫到造血式扶贫的转变，组织扶贫干部、乡村教师、养殖户260余人参加工作能力提升与专业技术培训班，实现了5个乡镇、5个深度贫困村培训全覆盖。五是安排宁夏回族自治区烟草专卖局（公司）、湖南中烟吴忠卷烟厂、弘德包装材料公司三家在宁单位从2019年起，每家每年以慈善捐赠的形式帮扶红寺堡区不少于50万元等。

“我们一定用好用活扶贫资金，认真谋划和推动国烟扶贫项目建设，帮助贫困群众排忧解难。”国家烟草专卖局定点帮扶红寺堡区挂职干部说。

看践行3：全国文化科技卫生“三下乡”送真情

冬日午后，寒风呼啸，广场上人头攒动。68岁的农民赵汉青从人群里钻出来，手里拿着一沓新型玉米品种宣传册，放进活动现场赠送的绿色环保袋里，袋子早已被各色的农作物栽培技术手册和病虫防害宣传单塞得满满当当。这里是吴忠市青铜峡市瞿靖镇瞿靖村文化广场。2020年1月8日，由中国科学技术协会和宁夏回族自治区党委、政府联合主办的全国文化科技卫生“三下乡”活动宁夏分会场就在这里。

全家福拍摄、趣味科学仪器体验、送春联、农业技术推广、专家义诊……在瞿靖村文化广场上，来自宁夏宣传、教育、科技、司法、农业、文化和旅游等部门的专家和志愿者们现场为群众提供各类服务。

据悉，此次活动中，中国科学技术协会给宁夏带来了价值1000余万元的物资，宁夏各级相关部门也为青铜峡市带来了文化、科技、卫生、教育、扶贫等方面的项目、资金及设备器材等。

45岁的瞿靖镇友谊村村民白金红从宁夏回族自治区妇女联合会的展位领到一些宣传资料。“我觉得这个活动特别好，能学习一些女性卫生健康知识和法律知识，希望能多举办这样的活动。”白金红说。

“三下乡”活动不仅可以给老百姓宣传卫生知识，普及健康理念，也可以通过长效的宣传机制，逐步提高全民健康水平，提升群众获得感与幸福感。

据了解，文化科技卫生“三下乡”是服务基层、服务“三农”的重要惠民活动，旨在动员社会各方面力量积极参与新时代“三农”工作，营造全社会关注农业、关心农村、关爱农民的浓厚氛围，激励广大农民群众高质量打赢脱贫攻坚战、决胜全面建成小康社会。

看践行4：国网宁夏电力有限公司为7000农户接入动力电

为持续推进动力电扶贫项目，国网宁夏电力有限公司彭阳县供电公司2020年计划投资2500余万元，完成7000农户动力电接入，为农户脱贫致富“保电护航”。

近年来，随着脱贫政策到村到户，农户养殖规模不断扩大，对动力电需求也在增加。从2016年至2019年，该公司共为1.2万余农户接入动力电。据了解，2016年以来，该公司投资5.36亿元对彭阳县电网进行升级改造，新建、改造低压台区374台，新建、改造高压线路850多公里，新建、改造低压线路1900多公里，通过电网升级改造，实现了12个乡镇156个村四线全覆盖，可满足用户动力电接入需要。在此基础上，该公司2020年将投资4000多万元持续加大配电网工程建设，新建和改造10千伏线路13.8千米、0.4千伏线路138.15千米、接（进）户线43.45千米，并新建和更换配电变压器50台、配变智能化改造1614台，在彭阳县打造智能配电网，助力脱贫攻坚。

同时，按照“电站同步并网、电量全额消纳、收益及时支付”的原则，该公司在彭阳县深入推进89个光伏扶贫电站并网服务工作。截至目前，彭阳县共投资1.32亿元建设26.68兆瓦光伏扶贫村级项目，涉及12个乡镇、89个贫困村，该公司电力配套项目投入2230.8万元，新建、改建10千伏供电线路114.98公里。从2019年6月彭阳县光伏电站全容量并网成功至今，累计发电量达2650.79万千瓦时，结算电费687.88万元，补贴电费529.16万元，有9000多户村民受益于光伏扶贫项目。

看践行5：农光互补 照亮山村未来

在固原市原州区河川乡明川村，一排排新建成的光伏发电板闪闪发亮，正努力吸收太阳的能量，为13个村的村集体经济壮大“聚能”。光伏板下，一垄垄芍药已破土而出，正在旺盛生长。

明川村光伏扶贫项目占地250余亩，装机总容量5000千瓦，属国家“十三五”第一批光伏扶贫项目。2019年7月初所有电站全部并网发电，第四季度已经实现38万元的发电收益，参与项目的13个村平均分红近3万元，2020年预计每个村能分红40万元。

5年前明川村还是个“空壳村”，近几年靠中药材种植有一些村集体收入，但仍然比较薄弱。2019年光伏发电有了收益，明川村新增了10个公益性岗位，为2个困难大学生每人资助了3000元，还改善了村容村貌等。明川村54岁的马德俊就是受益者之一，他因腿部残疾干不了重活，2019年被聘用为发电站的保洁员，每月有760元的稳定收入。“我在家里还喂了几头牛，未来收入不愁了。”马德俊说。

村集体有了收入，可以通过提供公益性岗位等帮助弱劳动能力的贫困人口稳定增收，防止返贫风险，还可以完善村里的基础设施等，进一步提高了村级基层组织的治理能力。

除了“等着太阳送效益”，明川村还综合利用土地资源，将光伏电站和农业生产相结合，在发电厂套种了280亩芍药，并与天津一家中药材加工企业签订了保收合同，预计可实现180万元的经济效益。

据了解，国家“十三五”第一批光伏扶贫项目在原州区共修建41个村级电站，可帮扶41个贫困村6500多户贫困户稳定增收。2020年原州区将把光伏扶贫发电收益的80%用于贫困人口承担公益性岗位任务的工资和参加村级公益事业建设的劳务费用支出，支持鼓励贫困劳动力就地就近就业，让劳动能力弱的贫困农户通过力所能及的劳动增收，提高群众光伏扶贫的参与度，提升光伏扶贫项目扶贫效益。

看践行6：金融扶贫　引来发展活水

产业发展离不开金融活水。为解决贫困群众缺发展资金的难题，盐池县从互助资金起步，用10多年时间培养贫困群众的诚信意识，在此基础上，盐池县建立建档立卡户评级授信系统，并通过乡、村、组、户四级信用评定系统将金融扶贫从“普惠”推向“特惠”，让金融扶贫惠及更多农民。

盐池县的金融扶贫始于村级互助资金，曾记畔村则是典型代表。14年前，曾记畔村被国务院确定为全国首批村级互助资金试点村，并拨付20万元扶贫互助启动资金。靠着这些启动资金，曾记畔村通过村民入股、五户联保等方式，开启了贫困地区金融扶贫的探路之旅。

有了诚信农民做基础，近年来，盐池县创造性建立建档立卡户评级授信系统，改变原有银行评级授信标准，将建档立卡贫困户的诚信度占比提高到60%，家庭收入占比30%，基本情况占比10%，根据评级结果确定授信额度（3A级可贷款10万元、2A级可贷款5万～10万元、A+级可贷款2万～5万元、A级可贷款2万元），解决了贫困群众贷款无人担保、无物抵押难题。

在特惠的基础上，盐池县还把评级授信的成功做法运用到所有农户，建立乡、村、组、户四级信用评定系统。盐池县将60%诚信度细化为10%的精神文明建设和50%诚信度，家庭收入占比30%和基本情况10%占比不变，即“1531”模式，实行政、银、社、民四位一体共同评定、共同认可、共同应用，信用等级越高，享受贷款优惠越多。目前，全县已评出信用乡镇8个，评出信用村92个、信用组525个、信用户4.8万户，诚信度均达到90%以上。

截至2019年11月30日，全县农户贷款余额为30.45亿元，农户贷款一半以上用于滩羊产业发展，其中建档立卡贫困户6.05亿元，真正实现了“应贷尽贷”。

此外，为防止贫困户返贫，守住来之不易的扶贫成果，盐池县为全县所有农户量身打造了“2+X”菜单式“扶贫保”，“2”包括家庭综合意外伤害保险和大病补充医疗保险，“X”属于选择性险种，包含特色农业保、羊肉价格保等系列产业保险，由农户自主选择。在政策支持下，群众结合自身实际组合购买“扶贫保”，不仅兜住了因病、因灾、因意外致贫、返贫底线，也增强了群众发展产业的信心。

看践行7：水利扶贫　水润旱塬焕新生

吴忠市同心县位于宁夏中部干旱带核心区，这里十年九旱，缺水是造成千年贫困的根源。随着扬黄工程为同心注入“生命水脉”，黄河甜水流入千家万户，也为这片干涸的土地带来生机。如今，因水而兴的特色产业蓬勃发展，闽宁协作的“东风”更添澎湃动力，同心县正鼓帆踏浪，向着为群众创造新的幸福生活迈进。

扬来甜水润民心

在同心县预旺镇贺家塬村，杨彦贵看着水龙头里淌出清澈的

新华社记者　郭绪雷 / 摄

水，咧开嘴高兴地说："啥时候拧开水龙头都有水，吃水再不愁了！"

几年前杨彦贵一家还在为喝一口水而挣扎。那时他们住在山上的几孔土窑里，"吃水全靠天，旱年不下雨就雇车到镇上拉水，土路陡得不敢走，拉一桶水100元，路费就得80元，种地打工挣的钱都买水了。"杨彦贵说。

这是一片雨水"绕着走"的地方，年均降水量只有250多毫米，蒸发量却高达2300多毫米，干旱是几代同心人共同的记忆。多年来，很多村民搬下山谋生路，杨彦贵和村里其他几十户人还过着"脚下没有路，眼中没有绿，屋里不生火，柜中无细粮"的生活。

干旱缺水造成千年贫困，破解水困是摆脱贫困的根本之道。20世纪70年代起，固海、盐环定、红寺堡等几大扬黄（水）工程相继施工，奔涌的黄河水开始滋润同心这片干涸已久的土地。

随着一座座水库点缀旱塬，一根根水管翻山越岭，同心县东、中、西三大农村饮水安全工程日益完善，覆盖全县12个乡镇142个行政村，34.82万农村人口实现了安全饮水，全县农村集中供水覆盖率99.7%，自来水入户率达到99%。

2017年6月，通过易地扶贫搬迁，杨彦贵和周边村子里200多户人一起搬进了地势更平坦的"新贺家塬"。全村通了硬化路，实现了自来水全覆盖，杨彦贵养了50多只羊，还种了50亩高粱专门用来扎笤帚，2019年家庭收入9万元。"我想都没想过这样的好日子！"杨彦贵说。

同心县还有700多户因各种原因没能搬迁下山，他们大多居住分散，自来水不能入户，饮水工程建设成本过高，对此同心县创新采取“集雨场+水窖+潜水泵+净化器”的方式，解决这些人的饮水难题。

田老庄乡套塘村的“幸福院”里住着13位老人，每家每户都安有净水器。乡上定期有人送水存到院子的水窖里，由水泵加压抽水，再通过净水器过滤，他们就能喝到水质达标的安全水。“以前沟里的苦咸水牲口都不喝，越喝越渴，一口黄牙，现在的水喝到嘴里舒服得很！”套塘村70岁的杨登明说。

随着马家塘水库等4座脱贫攻坚水源工程、韦州水库等7座抗旱应急水源工程相继建成，同心县水资源保障能力不断提升。同心人民彻底告别饮用苦水、窖水，靠天吃水的历史，老百姓从内心喊出“共产党好、黄河水甜”。

产业活水惠民生

走进同心县下马关镇窨坑子村2000亩芦笋种植基地，只见脆嫩的笋尖钻出土壤，一排排滴灌带为芦笋精准补水，工人们正熟练地切割，一周后这些芦笋将销往日本、韩国、西班牙等地。

谁能相信西北这么干旱的地方能种出鲜芦笋？“这块土地种什么都不易成活，但只要有水，一旦种成，农作物品质非常好。”宁夏驰马聚丰农业科技有限公司负责人何江说。下马关镇地处扬黄灌区，这里日照足、温差大、沙地病虫害少，种出来的芦笋口感很好，很受市场欢迎。

下马关镇是同心县“十一五”县内生态移民的主要迁入区，辖21个行政村，总人口超过6万人。培育和发展什么样的产业才能让群众尽快脱贫致富，成为摆在下马关镇党委和政府面前必须解决的一道难题。

按照同心县“一乡一业、一村一品”的产业发展部署，下马关镇立足自身土地面积大、土壤松软且富含硒元素的优势，在深入论证分析的基础上，最终将目光瞄准市场前景广阔的芦笋。

2017年，下马关镇在窖坑子村建成芦笋无公害种植基地，2018年又建成一座2000平方米的分拣、冷冻车间，加工标准笋产品。如今芦笋亩产效益高达8000元，带动周边300多名贫困群众务工，人均增收1.5万元，芦笋种植已成为当地群众脱贫致富的“拓路”产业。

近年来，同心县以产业为“核”，围绕有机枸杞、草畜、中药材、圆枣等“4+X”产业体系，引导群众发展更有前景的产业。截至目前，已打造16个产业扶贫示范村，培育31家扶贫龙头企业、637家专业合作社和198家家庭农场，带动7000余名贫困群众增收脱贫。

引来黄河之水，传统农业转型升级，一些产业从弱到强，一些产业“无中生有”，产业成为同心县群众脱贫增收的源头活水，增强了造血动能，蹚出了贫困群众脱贫致富的新路子。

看践行8：电商扶贫　宁夏优品馆“牵手”拼多多

2020年8月26日，宁夏回族自治区人民政府与电商平台拼多多签订战略框架协议，在拼多多上线西部首个省（自治区）级农特产品线上展区——宁夏优品馆。

据介绍，双方将在宁夏特色农产品线上销售、电商新业态发展、宁夏优品区域品牌塑造、电商人才孵化培养等方面共同发力，加速宁夏企业触网营销和数字化转型，增强宁夏品牌影响力，进一步推动宁夏特色农产品走向全国市场。

在战略合作方面，拼多多开设“宁夏优品馆”，上线展示优品专属页面，并围绕“中国枸杞之乡”等主题，面向平台消费者打造宁夏线上名优农特产展销会。同时，拼多多旗下“多多大学”将联合宁夏回族自治区人民政府相关部门共同招募和培育本地电商人才，为本地企业开发直播等培训课程，提供线上经营的辅导和支持。

“本次与宁夏签署战略合作协议，是拼多多发力西部省区的重要尝试。”拼多多联合创始人范洁真说，“拼多多将与宁夏多部门继续合作展开‘云品宁夏’‘云购宁夏’‘云游宁夏’等系列主题活动，并在闽宁协作消费扶贫项目上加强合作。”

附　录

实践证明，推动减贫事业发展，必须建立健全相关体制机制，鼓励和引导全社会力量参与对贫困群体的帮扶工作。在政府主导基础上，培育多元扶贫主体。在遵循市场经济规律的前提下，向贫困地区输入资金和技术，吸纳就业、捐资助贫。引导企业、社会组织和个人以项目投入、物资捐赠、扶贫消费等多种方式投入到减贫事业中，奋力答好精准扶贫的宁夏答卷。

案例1：书写助力脱贫攻坚的“高校样本”

作为汇聚了大量人才与科技资源的智力高地，北方民族大学（以下简称“北方民大”）植根宁夏，坚持社会主义办学方向，坚持“四个服务”的时代使命，坚持立德树人根本任务，以铸牢中华民族共同体意识为主线，全面贯彻党的教育方针，遵循高等教育规律，尊重高等教育发展特点，坚持为少数民族和民族地区服务、为国家发展战略服务的办学宗旨，充分发挥自身优势，积极服务经济社会发展。在脱贫攻坚进入啃“硬骨头”的关键时期，北方民大积极发挥人才智力与科技优势，努力在宁夏大地上书写助力脱贫攻坚的“高校样本”。

北方民大聚焦地区经济社会发展和黄河流域高质量发展开展科研攻关，加大校地校企合作步伐，建立了依托地方、融入地方、服务地方的合作办学、联合攻关机制，在服务社会中实现大学使命和价值回归。近年来，北方民大每年在宁夏招录学生800余名，占招录总人数的15.2%。截至2020年8月31日，学校应届毕业生中1038人在宁夏就业，占就业总人数的25.8%，其中非宁夏籍毕业生402人，占在宁夏就业学生的38.7%，切实为宁夏经济社会发展提供了智力支持。经过36年艰苦奋斗、36年砥砺奋进，北方民大培养了一大批优秀人才，涌现出一批先进典型，如服务基层、带领各族村民大力发展经济、获国务院第六次全国民族团结进步模范个人表彰的数信学院2009届毕业生秦文博；强化民族团结教育、提升基础教育竞争力、获国务院第六次全国民族团结进步模范个人表彰的中文系1989届毕业生苏晓隽；情系弱势群众，维护公平正义，全国新时代司法为民好榜样、宁夏十大法治人物法学院2011届毕业生李善鹏等。他们扎根宁夏，服务宁夏，民族团结之花在塞上江南绚丽绽放。

2020年是全面建成小康社会的决胜之年，以习近平同志为核心的党中央围绕全面建成小康社会和打赢脱贫攻坚战作出了一系列部署。北方民大深入学习贯彻习近平新时代中国特色社会主义思想，认真学习贯彻习近平总书记关于扶贫工作的重要论述，特别是在决战决胜脱贫攻坚座谈会上的重要讲话精神，切实增强脱贫攻坚帮扶工作的责任感和紧迫感，自觉担负起高校的社会责任和历史使命。一方面为国家民族事务委员会助力武陵山片区区域发展，定点帮扶广西德保、内蒙古巴林右旗，对口支援江西乐安等扶贫工作添砖加瓦；另一方面，为深入落实宁夏回族自治区党委关于驻村扶贫、教育扶贫、科技扶贫的有关要求，加强开展对泾源县六盘山镇杨庄村驻村扶贫，与彭阳县教育结对帮扶，与西吉县科技扶贫，聚焦重点帮扶任务，找准问题，精准发力，确保脱贫攻坚帮扶工作取得实效，为宁夏打赢脱贫攻坚战，建设经济繁荣、民族团结、环境优美、人民富裕的美丽新宁夏展现北方民大作为、贡献北方民大力量！

精准扶贫：定点帮扶补短板

北方民大按照宁夏回族自治区党委的统一部署，自2014年起，先后派出3批共8人的驻村工作队驻扎泾源县六盘山镇杨庄村。驻村工作队与村“两委”坚持精准扶贫、精准脱贫基本方略，紧扣“两不愁三保障”脱贫标准，从实际出发，攻坚克难，扎实推进脱贫工作。近几年，北方民大共划拨帮扶资金近50万元，引进社会帮扶资金近30万元，协调引进扶贫车间1家。通过3批工作队6年的帮扶，47户建档立卡户已实现全部脱贫，乡亲们的生活有了明显改善。杨庄村先后荣获2016年度中蜂养殖第一名、2017年度综合考核三等奖、2018年度脱贫攻坚成效三等奖、2018年度综合目标考核管理三等奖、2018年度脱贫攻坚先进村、2018年度全县“改讲学”移风易俗示范村等荣誉，北方民大驻村工作队连续两年被泾源县人民政府评为“先进驻村工作队”。

智力扶贫：创新驱动拔穷根

根据宁夏回族自治区教育厅、扶贫办联合开展的教育结对帮扶部署要求，由北方民大结对帮扶固原市彭阳县。北方民大高度重视，专题研究相关事宜，制订出台《北方民族大学结对帮扶彭阳县助力脱贫攻坚工作实施方案》，成立了由分管扶贫工作的党委副书记任组长，学校办公室、组织部、相关学院负责人为成员的结对帮扶工作领导小组，明确了结对帮扶主要保障措施，并划拨专项帮扶资金，扎实开展帮扶工作。

一是举办彭阳县中小学教师培训班。在北方民大工作组深入彭阳县调研的基础上，经过双方多次反复沟通协商，决定将帮扶重点放在农村中小学师资队伍建设上。自2018年以来，北方民大与彭阳县教育体育局共同举办1期中小学音体美教师培训班和两期中小学校园足球教练员、裁判员培训班，有188名彭阳县中小学教师参加培训，北方民大投入培训经费近65万元。

二是面向贫困学校捐赠图书资料。在与彭阳县相关学校沟通协商、确定图书需求的前提下，为彭阳县白阳镇中心学校捐赠课外读物及教师教学参考用书211种733册，充实了该校图书资料室藏书品种。

三是捐赠学习和教学用品。在开展“点亮中国梦·牵手校园行”公益活动中，北方民大为彭阳县、泾源县小学捐赠价值7万余元的学习用具，为宁夏中南部贫困地区、移民村庄及农村留守儿童集中地区的小学生献上一份爱心。

科技扶贫：扶志扶智相结合

西吉县是宁夏最后一个脱贫摘帽的县（区），在决战决胜脱贫攻坚的关键时刻，北方民大积极响应宁夏回族自治区党委号召，对西吉县开展科技帮扶，成立了由党委书记、校长牵头，分管科研工作的校领导具体负责，科研处和生物科学与工程学院具体落实的工作机制，制订专项方案，建立激励机制，推动工作落实。

一是坚持优中选优，成立科技扶贫工作队。北方民大从生物科学与工程学院教师中遴选农作物种植、牲畜养殖、微生物发酵等方面的专家10人成立科技扶贫工作队。这支队伍老中青结合，既有学院领导，也有普通教师，他们都是学院的教学科研主力，多人有过扶贫工作经验或承担过涉农科研项目。三年来，科技扶贫工作队定期奔赴400公里外的西吉县兴平乡、西滩乡等乡镇的10个行政村开展科技帮扶工作。

二是注重调查研究，在田间地头开展科技帮扶。工作队通过认真细致的实地考察和调研，准确掌握各个扶贫村农牧业生产情况，了解发展困难和帮扶需求，有针对性地制订帮扶工作方案。一方面，通过下发各类资料、开展培训、赠送生产资料等形式开展科普和帮扶；另一方面，深入田间地头，将技术送到生产一线，开展具体指导，解决实际困难。

三是将扶志与扶智相结合，让科技扶贫开花结果。帮扶过程中，科技指导员注重扶志与扶智相结合，通过思想引导和观摩养殖先进户、传授养殖技术、协调贷款发放、租地种草等方式，帮助当地农户逐步树立劳动致富的信心。通过工作队三年来的不懈努力，帮扶乡村农民增收致富的决心增大了，科学种植、养殖的水平提高了，钱袋子也鼓了，部分农民通过牛、羊养殖产业，年收入10多万元。

据不完全统计，三年来，工作队累计举办培训班、田间指导等共120余次，发放培训资料1500余册，累计培训农户2300余人次。发放牛羊舔砖总共1200余箱、地膜246卷、小型谷子播种机6台、农药300瓶、化肥8吨、生物有机肥35吨，推广种植新品种玉米、谷子300余亩，发放种子8700多公斤。

消费扶贫：发展经济惠民生

为贯彻落实国家、自治区关于开展消费扶贫的有关工作要求，北方民大充分调动全校各部门、各单位力量，通过建设消费扶贫平台、向广大教职员工发布消费扶贫倡议书等方式，组织工会、后勤等相关部门集中采购，及时向全校党员干部提出消费扶贫要求，大力开展消费扶贫工作，助力脱贫攻坚。

一是做好彭阳县消费扶贫工作。疫情期间，彭阳县农产品销售困难，北方民大积极统筹协调，主动对接定点帮扶的彭阳县，投入资金10万余元，采购当地30吨土豆支援武汉，为疫情防控工作尽绵薄之力，将消费扶贫落到实处。

二是加强与农行扶贫商城合作，推动扶贫地方滞销农产品销售。北方民大与中国农业银行宁夏分行签署扶贫开发全面合作协议，在农业银行扶贫商城设立北方民族大学馆，将对口扶贫的彭阳县、泾源县，科技扶贫的西吉县的农产品列入学校扶贫商城馆中，便于学校广大教职工购买，切实以消费扶贫助力地方经济建设。

三是组织相关部门开展集中采购。为进一步推进相关工作，学校组织工会、后勤等相关部门，通过国家贫困地区农副产品平台，集中采购西吉县农产品23万元、同心县农产品13万元。

案例2：贡献宁夏脱贫攻坚的“宁煤力量”

按照宁夏回族自治区党委、国家能源集团扶贫工作要求，国家能源集团宁夏煤业有限责任公司积极履行政治责任，全力发挥国有企业在精准扶贫、精准脱贫中的重要作用。自2013年以来，逐步加大了扶贫投入力度，截至2020年上半年累计投入扶贫资金6833.28万元，专项用于宁夏回族自治区党委和国家能源集团交办的扶贫攻坚任务。

2011年和2014年，公司分别荣获全国扶贫开发先进集体和全国社会扶贫先进集体，2019年荣获宁夏回族自治区驻村帮扶工作先进单位，驻村第一书记荣获宁夏回族自治区驻村帮扶工作先进个人。

产业扶贫。公司驻村帮扶的盐池县大圪垯村是宁夏滩羊集中产区，养羊是大圪垯村的传统生计，更是当地的特色产业，但是因为地处中部干旱带，虽然耕地较多，缺水成了种植饲草、发展滩羊养殖的瓶颈。为了解决干旱缺水、土地利用率低的问题，公司先后捐资为大圪垯村打了8眼机井。经深水机井加上节水滴灌等农业基础设施改造，大圪垯村水浇地由帮扶前的700多亩增至现在的5586亩。水浇地的产量是旱地的3倍以上，仅种植玉米一项，每年可收获饲草2200余公斤，增加收入约60万元。滩羊年存栏量达6800只，年循环出栏滩羊约12000只，可增收1200万元，加快了大圪垯村全体村民脱贫致富的步伐。为了有效解决老、弱、病、残贫困户增收难的问题，公司投入资金3.6万元，购买滩鸡1200只，捐赠给大圪垯村33户年老病残户供其养殖创收，平均每户增收3000元，确保了扶贫路上一户不少，一人不落。通过消费扶贫，帮助农民销售滩羊、鸡蛋等农产品，增收62.5万元。

结对帮扶的同心县田老庄乡李家山村、套塘村，海源县关桥乡八斗村、脱场村、王湾村，均存在产业单一、水资源匮乏、人均耕地少、发展受限的问题。2018年与这5个深度贫困村结成帮扶对子后，公司对田老庄乡的两个村进行深入调研考察，邀请宁夏回族自治区农牧厅、水力厅等单位专家协助论证后，根据群众有扩大肉牛养殖的意愿，综合研究确定了以“飞地”模式为两个村援建肉牛养殖基地项目。公司负责筹资1800万元，通过国家能源集团公益基金会实施捐赠；养殖基地方案设计、审查及实施建设，土地征用、厂区外“三通一平”等事宜，及其他所需资金由同心县人民政府负责。2020年养殖场及配套设施等项目已基本完成，种牛存栏达700只。在对关桥乡3个村调研考察后，与县、乡、村紧密联系对接，了解群众意愿，2018年以来共投入扶贫资金434万元，帮助购置农机具35台（套）、建设2000亩小杂粮种植基地、实施“浅浅沟”和沟坝治理工程，村集体经济发展能力得到显著加强，实现了农业增产与村民增收。3个深度贫困村村民人均收入同比增长12%以上。

消费扶贫。2018年以来，完成国家能源集团帮扶的“三区三州”9个国家级深度贫困县（区）和宁夏消费扶贫任务1988.41万元；帮助大圪垯村滩羊养殖户销售滩羊肉15627.54斤，养殖户增收54.7万元；帮助李家山村养殖合作社销售滩鸡12684斤，为村集体创收19.3万元。

教育扶贫。2016年2月，李克强总理在宁夏考察时专程到固原市西吉县白崖乡半子沟村入户看望特困村民，鼓励西海固村民搬出深山，脱贫致富。《宁夏回族自治区2016年“十三五”易地搬迁计划任务指标》确定了银川市金凤区政府在丰登镇永丰村新建移民新村，安置西吉县白崖乡半子沟村345户1337人。公司捐赠901万元实施银川市金凤区易地搬迁教育扶贫援建项目，2017年8月，完成了金凤润丰神华爱心小学和金凤润丰神华爱心幼儿园援建任务。保证移民新村268名小学生和104名学龄前儿童顺利就读，支持当地政府圆满完成了移民安置任务。

医疗扶贫。为全面贯彻落实党的十九大精神，更好地在宁夏贫困地区实施精准扶贫，推进健康扶贫，按照宁夏回族自治区党委、政府全力推进建设“健康宁夏”统一部署和中国红十字基金会拟在宁夏开展卫生医疗公益活动安排，公司向中国红十字基金会院士博爱基金定向捐资500万元，在宁夏地区贫困乡村、农村学校建成博爱卫生站和博爱家园11个、博爱校医室20所，培训校医100名，有效缓解了贫困乡村农民和农村在校学生就医难的问题。

党建扶贫。根据宁夏回族自治区党委组织部、宁夏回族自治区扶贫办《关于派驻新一轮扶贫开发驻村工作队有关事宜的通知》（宁扶贫办发〔2014〕245号）、《关于新一轮第一书记和扶贫开发驻村工作队驻村开展工作有关事宜的通知》（宁组通〔2017〕10号）、《关于第三轮第一书记和扶贫开发驻村工作队驻村开展工作有关事宜的通知》（宁组通〔2019〕63号）要求，公司按照文件要求先后选派4名优秀干部在盐池县大圪垯村开展驻村扶贫工作（现任驻村第一书记连续6年驻村工作、两名队员连续4年驻村工作）。

在驻村扶贫期间，公司驻村工作队以“强化基层组织建设、助推脱贫攻坚工作”为抓手，认真落实扶贫与扶志、扶智相结合，在帮助贫困农民“富口袋”的同时，将“富脑袋”作为精准扶贫工作的重点。协调公司党支部与大圪垯村党支部开展支部联创共建活动。2017年以来，在规范支部“三会一课”“民主评议党员”，强化支部阵地建设，坚持每月开展“5+X”主题党日活动的同时，投入活动资金15.56万元、捐赠图书300册共同学习贯彻党的十九大精神，通过举办“学习十九大，谈身边新变化”主题演讲比赛，引导农民谈居住环境、生活质量和村风村貌等的变化；通过开展健康扶贫义诊、扶贫政策有奖问答、组织村民文艺队自编自演文艺节目、慰问贫困户及困难党员等活动，宣传扶贫政策；坚持每年选评致富带头人、脱贫示范户、孝老爱亲模范，以农民身边的先进人物带动贫困户自主发展；使贫困村民主动摒弃“等靠要”思想，实现了贫困户由“要我脱贫”向“我要致富”的转变。

基础设施建设扶贫。公司在扶持贫困村产业发展的同时，近年来共投入资金200余万元，在大圪垯村实施了危房改造、新建日光种植温室和“厕所革命”项目。扶持41户危房户建起新房，确保了住房安全；新建成配套设施完善的日光温室6座，带动村民精耕细作，发展高价值的经济作物；引领160户村民改造了室内卫生间，有效提升了居住环境。通过真帮实扶，大圪垯村村民在提高经济收入的同时，提升了获得感和幸福感。

一直以来，公司向区内驻村帮扶和结对帮扶的3个贫困县的8个贫困村投入资金3273.34万元，扶持其实施产业扶贫、基础设施建设扶贫、党建扶贫和人居环境治理等项目27个；完成国家能源集团帮扶的“三区三州”9个国家级深度贫困县（区）和宁夏消费扶贫任务1988.41万元；向中国红十字基金会捐赠资金500万元，用于宁夏贫困县（区）、乡中小学援建博爱校医室、博爱家园、博爱卫生站、培训校医等项目；组织扶贫日捐款170.53万元。同时，完成宁夏回族自治区人民政府国资委助力西吉脱贫攻坚和“工装援疆”等助力脱贫攻坚任务。公司在大圪垯村的驻村扶贫工作中形成了以互助金、农机具为保障的“打井—种植—养殖—销售—绿色发展”的全

新华社记者　王鹏 / 摄

产业链“宁煤帮扶模式”。公司驻村帮扶的盐池县高沙窝镇大圪垯村，结对帮扶同心县田老庄乡李家山村、套塘村，海原县关桥乡王湾村、八斗村、脱场村均已脱贫出列。为打赢脱贫攻坚战作出了积极贡献，充分发挥了央企履行社会责任的表率作用。

扎实开展调查研究，立体式全方位分析致贫原因，找准致穷根源，精准扶贫、精准脱贫。公司在驻村和结对帮扶之初，首先对各村产业现状、人口结构、受教育程度、收入水平、土地资源等关键要素进行深度调查研究，并听取村民的发展愿望，通过对一系列因素的比对分析之后，找出了致贫的根源，也找到了治贫的着力点，真正做到了精准发力。

公司以产业扶贫、金融扶贫、消费扶贫为抓手，先后从打水井扩大水浇地面积、调整种植结构，到推广机械化种植，提高饲草产量和利用率，再到推进滩羊养殖产业发展。从经济扶贫到思想扶贫，真正实现了扶贫与扶智相结合，形成了扩大种植、壮大养殖、推进当地特色产业可持续发展、农民长期增收一整套产业扶贫体系。建立起了提升农民自主发展能力，改善发展环境，引凤回巢的扶贫机制。

在制订扶贫工作整体计划中，突出一个“实”字，抓住一个“盼”字，做到一个“远”字，始终坚持“脱得了贫”“成果巩固得住”“发展后劲足”的总体目标。在整体工作谋划中，公司把履行社会责任和精准扶贫工作有机结合，从谋长远的角度出发，在资金扶持的同时注重扶贫对象造血功能的培养，在实施扶贫项目过程中，真正急群众之所急，让群众感受到落地之后的扶贫项目适用、管用、实用。

杜绝单一的“大水漫灌”，有针对性地制定扶贫套餐，构建“五位一体”体系。如在大圪塅村驻村扶贫工作中，公司精准制定扶贫套餐，打破对农户的“平均化”扶持，确保不落一户、不少一人，让每个人真正享受到扶贫带来的实惠，提高了集体获得感，有效避免了脱靶现象。

扶贫与扶智双向进入，固本培元、同步发力。在扶贫过程中，公司与盐池县大圪塅村积极开展党建联创共建活动，通过党的政策的宣讲、先进典型的树立，让群众真正意识到只要肯劳动、善学习，就能过上幸福的小康生活，从思想深处改变了过去“等靠要”的旧观念。

公司主要负责人一直以来把扶贫工作作为一项重要工作来抓，亲自部署、亲自督办，先后多次深入盐池县、同心县、海原县各贫困村调研，问需求、定对策。同时对扶贫一线干部从工作和生活上进行关心慰问，解决他们的后顾之忧，使其全身心投入扶贫工作。

案例3：不负使命　为脱贫攻坚贡献“电网力量”

2012年以来，国网宁夏电力有限公司深入学习贯彻习近平总书记系列讲话精神和重要指示，带头履行央企在脱贫攻坚中的政治责任和社会责任，主动作为，勇于担当，把打赢脱贫攻坚战作为重大政治任务和第一民生工程，坚决落实国家电网有限公司“一个确保，四个全力”和“四个保”工作要求，推出“六个坚持”务实举措，在产业扶贫、消费扶贫、劳务扶贫、教育扶贫、光伏扶贫等多个领域下功夫、取实效，助力宁夏高质量打赢脱贫攻坚战，以实际行动彰显“大国重器”和“顶梁柱”作用。

2012年以来，国网宁夏电力有限公司累计为宁夏8个国家级贫困县（区）电网升级投入6.22亿元，为137个光伏扶贫项目配套4.6

亿元，结算光伏扶贫项目上网电费和补贴资金2.1亿元，开展“阳光助学”等捐资1923.92万元，推行“以购代帮”消费扶贫金额291.49万元。同时，选派驻村帮扶人员40人，动员结对帮扶员工198人，帮扶点人口总数达3.2万人，投入帮扶资金676万元。特别是提前完成“十三五”新一轮农网改造升级任务，全区各县“两率一户”指标全部达标，各村农户通电率、动力电通电率均达到100%；充分发挥电网专业优势、技术优势，帮扶的20个贫困村全部脱贫出列，为宁夏打赢脱贫攻坚战作出重要贡献。

主要做法

坚持正向引导，凝聚思想共识。一是成立扶贫工作领导小组和办公室，由党政主要负责人任组长，由一名副职领导任专职副组长，将扶贫工作作为一项常态工作任务常抓常管。二是在思想、思路、理念引领上着力，灵活利用各种形式，将精准扶贫政策宣传到村到户，鼓励社会各界广泛参与到扶贫工作中来，切实消除贫困户对扶贫工作存在的观望、依赖、质疑、安于现状等“等靠要”思想。三是组织干部群众学习典型经验和做法，增强干部群众的意识，激发脱贫致富的信心。四是在技术支持、政策落实以及基层组织建设上发挥支撑作用，充分考虑扶贫工作长远发展。

坚持基础建设，筑牢扶贫基底。一是加快贫困地区农村电网改造，解决贫困地区配网频繁停电等问题，着力改善供电质量，满足贫困县（区）发展养殖业、种植业的用电需求。二是完成4个“小康用电”示范县和230个小城镇（中心村）电网改造升级任务，着力解决卡脖子、低电压、频繁停电等问题。三是实施机井通电配套电网建设，累计完成2718眼“机井通电”配套电网建设任务，打通服务灌区群众最后一公里，促进农民节支增收。四是实施村村通动力电工程，实现15358个自然村全部通动力电，农村供电能力显著提升，满足动力电用电需求。五是实施扶贫易地搬迁电网配套工程建设，完成145个移民搬迁点配套电网建设任务，保障移民新村“搬得出、稳得住、能致富”。

坚持产业促进，发挥专业优势。一是畅通光伏扶贫项目绿色通道，设立“一站式”并网服务窗口，将光伏扶贫电站接入工程优先纳入农村电网改造升级计划并加快推进实施，圆满完成“十三五”第一、二批光伏扶贫项目建设任务，实现全容量并网发电。二是全力确保光伏扶贫项目优先上网及全额保障性收购，强化光伏扶贫项目上网电费和补贴资金支付管理。三是严格按照抄表周期结算上网电费，按月转付补贴，有力保证了贫困群众的稳定增收。四是全力配合宁夏回族自治区扶贫办做好全国光伏扶贫信息监测系统数据集成建设，常态化开展电站监测和效率分析，及时发现整改电站运行中存在的问题，提升电站管理效能。五是积极配合国家电网有限公司向财政部申请补贴资金，确保补贴资金及时到位，保障贫困人口尽早收益，稳定脱贫，切实增收。

坚持以购代捐，拓宽扶贫渠道。一是深度挖掘消费扶贫潜力，制订消费扶贫行动计划，助推国家级贫困县（区）滞销农产品进食堂，截至2020年8月底，共采购209万元，超额完成公司脱贫计划。二是实施扶贫农产品进工会慰问品活动，国网宁夏电力有限公司所属各级工会在采购国家法定节假日慰问品和困难职工帮扶救助慰问品时，按照每人每年50元的标准进行采购。三是引导客户参与消费扶贫，在供电营业厅内放置扶贫农产品宣传海报、易拉宝等宣传材料，推介扶贫农产品，向广大电力客户宣传消费扶贫。四是线上线下联动拓宽销售渠道，及时向“爱如电”“慧农帮”平台提出消费扶贫产品需求和推荐扶贫农产品，努力帮助对口扶贫点农产品拓宽销路，鼓励各单位主动联系公司定点扶贫县、本单位帮扶点及其他国家级贫困县（区）采购扶贫农产品。

坚持教育培训，帮助就业创收。一是依托行业优势，开展各种技能培训，达到“一人就业，带动一家脱贫”的目的。在电网建设工程中，劳务用工优先考虑属地用工特别是建档立卡贫困群众。2012年以来，通过电网建设工程共解决农民工就业4694人，人均年收入4万多元，让贫困群众真正得到了实惠。二是持续实施劳动力扶智工程，组织培训电工、电焊工、装载机司机120人次，培训妇女刺绣、手工制作150人次，培训养殖人员139人次。三是常态化推进教育扶贫，通过捐赠“爱心学习书包”、定向捐赠改善教学条件、持续实施“金秋助学”公益捐赠项目等措施积极帮助贫困学生顺利完成学业。

坚持广泛宣传，树立扶贫新风。一是围绕“决胜全面小康、决战脱贫攻坚”主题，实施“温暖的回响”“全面小康看宁夏”“我身边的小康”“今日西海固”等50项重点主题宣传策划，贯穿暖色调、突出幸福感。二是挖掘报道公司脱贫攻坚取得的各项成果成效，在《人民日报》、新华网、中央电视台刊发、播发《在宁夏

“大扶贫”格局中彰显国企担当》《“电力民生”的宁夏视野》《电力助力千亩大葱项目开工》等报道43篇，多篇报道传播量超过“百万+”。三是在中宣部“学习强国”平台刊发播发公司助力宁夏脱贫攻坚的报道超百篇，获宁夏回族自治区党委宣传部表扬。系列报道全面展现公司投身脱贫攻坚伟大事业、助力打赢脱贫攻坚战的责任担当，生动鲜活讲好党的十八大以来宁夏电力人的扶贫故事，赢得社会各界广泛赞誉。

典型示范

“电靓”“三色”脱贫路。固原市5个县（区）都是贫困县，西海固连着中南海，国网宁夏电力公司固原供电公司深入学习贯彻习近平总书记关于扶贫工作重要论述，认真落实扶贫重点任务，不断“电靓”脱贫攻坚成色，切实擦亮为民服务底色。一是探索破题之问，构筑电网升级银色之路。立足乡村发展，农民脱贫，电力是基础保障的原则，加快建设供电可靠的配电网，累计投入53.83亿元，为814个村通上动力电，1.43万建档立卡贫困户和197个扶贫车间接通了“致富电”。二是探索精准之问，架起党群帮扶红色之桥。传承革命历史传统，发挥党员干部先锋模范作用，制定10个方面20项工作清单，定期召开双周扶贫工作会，用责任和奉献照亮贫困群众脱贫致富路，架起了干群之间的连心桥。三是探索未来之问，升起光伏扶贫金色太阳。结合贫困村实际，由输血变造血，加快202个村级光伏电站配套电网项目建设及并网运行工作，2.2万农户实现了产业收益“天上来”，年均发电收入2080万元，每年可为每个贫困村增加集体收入10万元以上，增加公益性就业岗位660多个。

闽宁镇，脱贫路上“电帮忙”。在银川市西南50公里，永宁县以西、贺兰山以东，宽阔的道路指向一个6万多人口的小镇——闽宁镇。1997年，时任福建省委副书记习近平同志来到宁夏，调研对口帮扶工作，部署“移民吊庄”工程，在银川河套平原待开发荒漠建设一个移民示范区，并亲自命名为“闽宁村”，留下了“搬得出、稳得住、能致富”的嘱托。如今，往日的闽宁村已发展成闽宁镇。为支持闽宁镇光伏产业发展，国网宁夏电力公司主动配合做好与该地发展相关的电力配套设施建设工作，结合闽宁特色小镇、闽宁扶贫产业园、万亩草畜基地等重点项目建设及闽宁经济社会发展特点，开展精准扶贫行动。截至2019年底，新增及改造10千伏线路97.26千米，新增及改造配电变压器50台、容量9.35兆伏安，新建及改造低压线路57.3千米，彻底解决居民低压供电问题，闽宁户户通“动力电”覆盖率100%。通过电网改造升级工程，闽宁镇已形成北有110千伏福宁变电站，南有110千伏连湖变电站，通过10千伏线路相互联络的供电格局，电网网架结构更加完善，变电站供电能力更加充足。为服务高标准农田建设，积极开展机井通电工程，投资202.4万元建设179眼农田机井通电设施，受益农田达1.1万亩，减少农民灌溉支出72万余元，确保了特色农业发展，电力扶贫攻坚任务取得显著成效。20多年来，坚强可靠的电力保障始终为闽宁镇的发展保驾护航，闽宁镇也成了全国特色小镇、全国重点乡镇，贫困发生率从1997年的近90%下降到现在的0.2%，人民的生活也越过越好。全国各地的“金凤凰”还在源源不断地飞来落地投资，昔日的

“干沙滩”已经变成了真正的“金沙滩”。

电力扶贫的“马湾样板”。固原市西吉县马湾村地处偏城乡南部，全村共有贫困户128户507人，因山大沟深、道路难行，被当地人戏称“十八弯”。国网宁夏电力有限公司派驻扶贫工作队进驻马湾村后，跑项目、筹资金、修建村部，让当地知名企业家走进马湾。半年后，文化广场、农家书屋、妇女之家等功能设施建起来了，一个崭新的马湾村委会出现在众人眼前。基础设施的改善并不能拔除贫困户的“穷根”。驻村队发现马湾村早就有养牛羊的传统，发展养殖业可谓驾轻就熟。为鼓励村民发展养殖业，国网宁夏电力有限公司争取精准扶贫公益项目，对村民新建牛棚、青贮池以及种植青贮玉米给予补贴，目前马湾村牛存栏700多头，较之前翻了近四番，养牛户占比已超过90%，养牛已成为村民创收的重要来源之一。尝到了养殖业的甜头后，驻村工作队又为马湾村引进了一个短平快项目——“月子鸡”养殖项目，通过制定“1元钱兜底保障计划”和推广“2+9”元养殖扶贫模式，帮助和鼓励贫困群众通过养鸡增加收入、摆脱贫困。如今马湾村人均年可支配收入由2014年的2730元提升至8500元，贫困发生率由45.8%降至0.29%，实现了由输血向造血转变，打造了电力扶贫的“马湾样板”。

光伏兜底产业致富。吴忠市红寺堡区团结村是个移民村。2013年，国网宁夏电力有限公司开始定点帮扶团结村时，全村有建档立卡贫困户805户2924人，占全村总人口的23.2%。为查明原因，扶贫工作队先后两次入户调查，月余时间共填写调查信息3000余页。摸清情况后，扶贫工作队制定实施了一系列精准脱贫方案，坚持输血和造血齐头并举，引导村民开展屋顶光伏设施建设，目前已完成953户屋顶光伏设施建设，全部并网发电。每户每年发电收益超过5500元。有了光伏扶贫兜底，国网宁夏电力有限公司扶贫工作队结合团结村实际，改变传统种植、养殖方法，引导村民种植玉米、饲草等，以农促牧、以牧肥农，农牧业结合，进一步拓宽致富路。

“那是英格兰‘萨福克’与本地羊杂交后产的羊，肯吃能喝，上膘快，不操心。”50岁的村民马平俊说。目前，团结村已有种植合作社32家、养殖合作社19家。全村肉牛存栏1840头、羊存栏约2.46万只。2019年，国网宁夏电力有限公司帮助团结村成功引入山东威海一家外贸服装加工企业入驻，成功解决120名村民就业。2019年，团结村综合贫困发生率为0.5%，当年全村人均可支配收入达到12250元。

案例4：一个酒庄的生态扶贫样本

宁夏贺兰山东麓葡萄产区南北长200公里，总面积20万公顷，为洪积扇戈壁滩，是全球葡萄酒业界公认的世界上最适合种植酿酒葡萄和生产高端葡萄酒的黄金地带之一。产区葡萄种植面积已达57万亩，是中国酿酒葡萄最大的连片产区，占全国葡萄种植面积的四分之一。

2016年7月，习近平总书记视察宁夏时指出："中国葡萄酒市场潜力巨大。贺兰山东麓葡萄酒品质优良。宁夏葡萄酒很有市场潜力，综合开发酿酒葡萄产业，路子是对的，要坚持走下去。"

宁夏葡萄酒现已跻身国际前列。近年来，宁夏葡萄酒代表中国葡萄酒，在国际上参展屡获大奖。因此，宁夏贺兰山东麓葡萄酒产区未来应该是"世界的贺兰山东麓"！

宁夏贺兰山东麓葡萄酒产区属温带大陆性气候，背靠贺兰山，东临黄河，全年日照时数达3000小时，活动积温达3300℃，昼夜温差大，无污染，黄河灌区地下水资源丰富，诸多天赐资源赋予宁夏优于国内外众多著名产区的独特的自然条件，奠定了打造世界顶级葡萄酒产品的产区基础。20世纪80年代，宁夏就作为国内首批葡萄酒产业发展基地，迈开了葡萄酒产业的现代化发展步伐。

宁夏法塞特葡萄酒庄股份有限公司正是基于贺兰山东麓葡萄酒产区这片神奇的土地发展起来的一家企业。公司创立于1998年，是产区乃至全国范围内第一批以出产精品酒庄酒为目标建设和运营的企业，参与和见证了中国精品酒庄葡萄酒产业的发展历程。

宁夏法塞特葡萄酒庄股份有限公司的负责人丁洁杨出生于浙

江省缙云县。他1974年初中毕业后，到宁夏与支边的父母会合，套上毛驴车开垦荒田，从小到大经历了各个工种，建筑、安装也都干过，从小工干到中层管理人员，一干就是20多年。1997年，丁洁杨下岗了，随即成立安装公司单干。当时，安装行业效益不错，丁洁杨却并不满足赚钱后的“小康生活”。黄羊滩大开发的号角吹响后，丁洁杨毅然决定到黄羊滩种葡萄。

黄羊滩是一片戈壁荒漠，寸草不生，黄沙漫天，种葡萄谈何容易！丁洁杨怀揣着30万元的家底，又找了几个朋友合伙凑了140万元，带着家人一头扎进了黄羊滩，和他同期前往垦荒的有9家公司。

在一望无际的荒漠上，丁洁杨一家人住进石块垒成的土房子。白天，他们平整土地，种植树苗，挖掘沟渠；晚上，他们吃着馒头、喝着开水，在昏黄的油灯下对比地形图，做建设规划。靠着一桶一桶挑水浇地、一颗一颗捡砂石护苗，1998年，丁洁杨从法国购进的第一批葡萄苗栽培成功。

“我是农村走出来的，泥腿子还没洗干净，双脚又沾满了泥！”丁洁杨自嘲道。但葡萄园并没有因为丁洁杨一家人的勤奋，而给予丰厚的回报。2000年8月6日，第一批葡萄结果后遭遇冰雹，几乎颗粒无收；2003年“非典”后，葡萄每斤6角都卖不出去；2004年，4个合伙人撤资。打击接踵而至，丁洁杨苦闷时，每天晚上开车独自到贺兰山山顶呆坐，任由泪水流淌。

“我就不信在荒漠种不好葡萄！”倔强的丁洁杨把葡萄园留给家人打理，只身前往西藏做工程。随着宁夏安装公司和在西藏做工程的盈利输入，丁洁杨的葡萄园又“活”了。2005年起，葡萄园开始盈利，开始生产葡萄酒。如今，丁洁杨在黄羊滩和甘城子都拥有酿酒葡萄基地，种植面积近5000亩。

“最初和我一起到黄羊滩种葡萄的人都走了，我能留下来，因为我真的热爱土地。”现在，每次到葡萄园，丁洁杨都会在地上坐一会儿，土壤潮潮的、温温的，很舒服。

“我要让中国人喝上自家酿的高品质红酒！”

葡萄丰收了，怎么办？难道就这样卖出去，做低端的农产品供应商？即便是在种葡萄的低谷期，丁洁杨依然在思考未来。“酿酒！我要让中国人喝上自家酿的高品质红酒！”几经辗转，丁洁杨下定决心做葡萄产业的完整链条。

2005年，丁洁杨的酒庄酿出了自己的第一瓶红酒，并在2008年亚洲红酒质量大赛中获得金奖。2007年10月，丁洁杨从自家的葡萄园精心采摘了一批葡萄，送往西夏王葡萄酒业有限公司压榨。虽然是代加工，但当第一桶酒生产出来时，丁洁杨仍难掩内心的激动，他和家人都喝醉了。

“我的酒庄起初只是一个‘车马店’。”丁洁杨回忆道。“2007年开始搭建库房和生产厂房，条件非常简陋，温度控制依赖空调，湿度控制全靠人工洒水。”酿酒很辛苦，但当一桶桶葡萄酒流出生产线的时候，丁洁杨全家人无不欢呼雀跃。春节，丁洁杨把自己生产的第一批葡萄酒拉回浙江，亲朋好友品尝后都说“好喝”。

好的葡萄酒是“种”出来的。酿酒伊始，丁洁杨就相信一条定律，葡萄酒的好坏，先天在葡萄，后天在工艺。在自己的葡萄园，丁洁杨不惜成本，通过施用有机肥料、地下水滴灌、人工出土、剪穗限产等有机生态化生产，严格将酿酒葡萄的年产量控制在600吨以内，为酿造高品质葡萄酒提供好原料。

罗耀文是新中国第一代葡萄酒酿造师，曾在国有企业、上市公司担任酿酒总工。2007年，罗耀文投入宁夏法塞特葡萄酒庄有限公司的创建怀抱。“七分种，三分酿。”罗耀文说。作为一个酿酒师，如果不会种葡萄，肯定是做不出来好酒的。就这样，罗耀文作为总工，一直与丁洁杨的葡萄酒事业走在一起。

2009年以来，丁洁杨的酒庄生产出贺兰鹰、法塞特、漠菲、农城、黄羊滩系列优质葡萄酒，获得了多项国内外大金奖、金奖。2013年，宁夏法塞特葡萄酒庄有限公司成功获得中国质量认证中心颁布的有机产品认证证书，成为宁夏第一家获得此项认证的葡萄酒庄；此后又获得国家地理标识认证。2016年2月，宁夏法塞特葡萄酒庄有限公司正式在新三板挂牌，成为宁夏首支登陆新三板市场的酒庄股。

如今，精心种植葡萄、用意大利进口生产线酿酒、到贺兰山腹地酒窖洞养……丁洁杨“让中国人喝上自家酿的高品质红酒”的梦想正逐步成为现实。

“我想把葡萄树种满沙漠换绿洲！”

“大漠孤烟直，长河落日圆。”诗人笔下的景象只是停留在脑海中的优美画卷，戈壁沙漠的现实一直在呼唤绿洲。

“我能在黄羊滩种出葡萄，把戈壁变成绿洲。而宁夏还有很多地方是戈壁荒漠，需要更多的人参与植绿。”从2017年起，丁洁杨牵手中华慈善总会，发起组织“沙漠变绿洲”大型公益活动，跳出红酒卖红酒。

2018年8月26日，“沙漠变绿洲”大型公益活动落地宁夏，全国各地企业负责人、爱心慈善代表等近500人走进贺兰山东麓葡萄长廊，为戈壁滩上的优质葡萄酒产区助力，为慈善事业助力。

作为中国最佳酿酒葡萄和葡萄酒产区之一，宁夏葡萄酒产业也遇到一些现实问题。为打造宁夏品牌、推动事业发展，2017年12月27日，“中华慈善总会沙漠绿洲基金”在北京正式启动，基金主要用于防沙治沙、种树、扶贫、环境保护、“一带一路”沿线国家的小学生和中国的小学生之间的友好交流互动等项目。

“用‘在沙漠种下一棵葡萄树’唤起人们的环保意识，这是所有宁夏葡萄酒人的初心和使命。”丁洁杨是“绿洲基金”和“沙漠变绿洲”项目发起人之一，在项目实施中来回奔走，不遗余力。

认领1棵葡萄树，就成为爱心大使；大使们每加工1瓶葡萄酒，就自动捐出1元钱到沙漠绿洲基金；认领10棵葡萄树，即可获得认领的葡萄树10年所有权，每年可获得5瓶葡萄酒；认领100棵葡萄树，每年将获得50瓶葡萄酒；认领1000棵葡萄树，将成为“沙漠变绿洲”爱心大使发起人，获得专属葡萄园，每年5天的葡萄园观光之旅以及每年500瓶葡萄酒……

“沙漠变绿洲”活动启动以来，已有1万余名爱心大使认领10余万棵葡萄树，以后将有近百万爱心人士认领150万棵葡萄树。爱心大使不仅成为宁夏优质葡萄酒的品尝者，更是宁夏葡萄酒的宣传

新华社记者 伍婧丹 / 摄

员和销售员，带动百万人次的“宁夏游”。

中华慈善总会副会长李宏塔认为：“绿洲基金是中华慈善总会落地的第一个环保项目，在治理荒漠、土地沙化的同时形成一条绿色生态产业链。3年内，落地沙漠绿洲公益创业的创新模式。”

案例5：扎根西北勤耕耘　奋力拼搏铸辉煌

在这个竞争激烈的时代，肖招峰凭着对事业的执着追求、灵敏的商业嗅觉，以及坚定踏实的作风，走出了一条当代企业家成长的康庄大道。

肖招峰是福建省宁德市人，是宁夏晨光实业有限公司董事长、宁夏欣荣置业开发有限公司董事长、宁夏泾河源农业科技发展有限公司董事长，同时担任固原市政协常委、固原市福建商会会长、固原市慈善总会常务副会长、固原市爱心基金会副会长。肖招峰从小立志报效祖国。1990年，他跨入军营，在新兵集训3个月后，被选送到通信连，成为一名有线通信兵。在军营里，他严格要求自己，在艰苦训练中不断成长。3年的军旅生活给予他的不仅是高度纪律性，更多的是持之以恒的毅力和勤奋刻苦的拼搏精神。

1993年底，肖招峰退伍回到家乡，开始思考自己的人生之路。他认为，生存是当下首要问题。1995年，他来到宁夏。当他踏上这片土地的那一刻，不一样的环境让他心情沉重了起来，西北地区太苍凉，缺乏生机。而肖招峰迅速调整心态，开始了创业之路。

1996年是福建和宁夏对口帮扶的起始之年，越来越多的闽商来到宁夏，他和兄长联手经营的生意却没有太大起色。1998年，他又回到宁德老家和战友再次创业，他把全部积蓄都投进去，但因技术等原因，最后几乎血本无归。受到创业失败的打击，他静下心来总结失败的原因。然后带着借来的两万块钱，再一次来到宁夏。

肖招峰是个善于思考的人。来到宁夏后，他边打工边学习，不断提升自己。他选择当时竞争较小、门槛较低的装修行业，风雨兼程，每天四处跑业务、找活干。2002年，他赚得了人生的第一桶金。随着业务的发展壮大，2003年，他开始涉足建材批发行业。2006年，他成立了自己的建筑工程公司。公司成立后，他坚持“精诚合作、顾客至上”的服务精神和“精益求精、追求卓越”的管理理念，注重人才的培养和应用，在他的带领下，公司承建了固原市大部分高层建筑，拥有了较高的声誉，树立了良好的形象。

2010年10月，随着事业的稳步发展，肖招峰成立了固原经济开发区晨光房地产开发有限公司，之后又与固原经济开发区晨光家居有限公司合并为宁夏晨光实业有限公司。2012年，公司实施了固原市2012年重点建设项目——晨光商业广场的开发建设。经过一年多的紧张施工和招商，2013年12月28日晨光家居建材城正式开业运营。

作为固原市规模最大、品类最齐全的高档建材家居卖场，晨光家居建材城为固原当地解决了1000多个就业岗位，吸纳带动贫困人口120多人，人均增收2万多元。并先后获得宁夏回族自治区人民政府、固原市人民政府和有关部门的嘉奖百余次。卖场建成运营，为固原市城市建设增添了一道靓丽的建筑风景线。

2014年，肖招峰以“毕其功于一役”的决心，本着因地制宜、科学规划、自主经营、互利共赢的原则，创立了宁夏泾河源农业科技发展有限公司。以“公司+基地+农户”的发展模式，发挥扶贫龙头企业的示范引领作用，把农民与千变万化的大市场对接起来，形成产加销、贸工农一体化的产业链。目前，公司下辖宁夏鹏飞专业合作社神林乡庞庄、城关镇红崖村、固原市原州区彭堡镇叶集湾三个生产基地，流转土地近3000亩，主要用于种植红树莓，成为集红树莓引进试验示范推广种植、系列产品研究开发深加工、销售于一体的产业化龙头企业。红树莓种植简单，产果早，产量稳定，市场收益可观，发展前景广阔。在肖招峰的努力下，公司经营网点遍布宁夏、北京、福建、天津、上海、浙江、广东、陕西、山东等地，成为推动当地产业结构调整、促进农民增收致富的生力军。2017年公司商品销售收入过亿，实现利润千万余元。

宁夏泾河源农业科技发展有限公司是劳动密集型农业种植及相关产品深加工企业，目前，已带动周边5个贫困村脱贫致富，年带动就业6万多人次，吸纳带动贫困人口280人。其旗下宁夏欣荣置业开发有限公司积极响应固原市政府号召，参与固原市区及所属市县城市建设，承建了隆德县闽宁欣荣商贸中医文化旅游建材商贸城项目；2016年7月，又承建了欣荣国际商贸中心。肖招峰致富不忘本，带动了一大批人走上了致富道路。

“善观时变、顺势有为，敢冒风险、爱拼会赢，合群团

结、豪爽仗义，恋祖爱乡、回馈桑梓”的闽商精神在肖招峰身上集中呈现。2012年，固原市福建商会组建，肖招峰被推举担任固原市福建商会会长；2013年，宁夏晨光实业有限公司被固原扶贫发展试验区管理委员会授予“招商引资先进企业”称号，同年，肖招峰被宁夏回族自治区民政厅、扶贫办、商务厅评为“十佳公益捐赠先进个人”；2014年，公司被固原市委统战部、固原市工商业联合会评为“固原统一战线助力脱贫攻坚民营企业”；2015年，肖招峰被宁夏回族自治区工商业联合会授予“全区工商联系统先进工作者”称号，同年，公司被固原经济技术开发区管理委员会评为“2014年度创业就业先进企业”；2016年，公司被共青团固原市委员会、固原市公益爱民服务中心授予“情系贫困学子　助力脱贫攻坚”荣誉称号，在“闽宁接力　为爱前行”公益救助行动中被宁夏慈善总会授予“爱心企业”荣誉称号，同年，公司又被宁夏青少年发展基金会、固原市希望公益服务中心授予“爱心基金”荣誉称号；2017年，公司被隆德县人民政府授予“真心帮扶　助力脱贫”称号；2018年，公司被固原市工商业联合会在“百企帮百村”助力精准脱贫活动中评为先进企业和优秀商（协）会；2019年，公司被固原市社会福利院授予“奉献爱心　成就未来”称号。

肖招峰在宁夏创业20多年来，不忘回报社会，时刻心系教育。据不完全统计，肖招峰及其企业累计给固原一中、固原二中、原州六小及固原市各县、乡镇学校，贫困学生，固原市社会福利院，固原市慈善总会、红十字会、团委等单位和个人捐资捐物500多万元。

后　记

小康承载初心、小康属于人民。

党的十八大以来，宁夏坚持把脱贫攻坚当作头等大事和第一民生工程，坚持精准扶贫、精准脱贫基本方略，举全区之力打好脱贫攻坚战，开辟了精准扶贫新局面，取得了精准脱贫新成效。

《中国脱贫攻坚的宁夏样本》以实践式案例记录和呈现了宁夏全面建成小康社会的伟大壮举。编撰目的在于彰显我们党担当使命、一诺千金的不懈追求，展现宁夏人民群众共建美好家园、共享幸福生活的生动实践，汇聚起坚定信心克难关、同心同德奔小康的强大力量。

编撰《中国脱贫攻坚的宁夏样本》旨在将视角聚焦在“人民眼中的小康”，围绕宁夏人民群众切身可及的获得感、幸福感、安全感，讲述普通群众用勤劳双手创造美好生活的小康故事。编写人员积极探索，将实践性、故事性有机融合，使读者可以读到真实、形象的内容，力求在有限的篇幅里，尽可能反映宁夏人民坚定信心攻克难关、同心同德奔小康的拼搏历程。

在《中国脱贫攻坚的宁夏样本》的策划、采访和写作过程中，宁夏回族自治区党委宣传部给予有力的指导，自治区扶贫开发办公室、自治区自然资源厅、自治区生态环境厅、自治区地方金融监督管理局等单位高度重视，组织有力的写作班子开展工作。同时也得到了自治区扶贫基金会、宁夏社会科学院、北方民族大学、自治区党校一批专家学者的大力帮助和指导，掌握了大量一手材料，比较真实地表现历史信息，力争使图书具有较高的历史价值和借鉴意义。

《中国脱贫攻坚的宁夏样本》的编写凝结着大家的心血，是自治区相关部门，以及新老同志们鼎力支持的成果，是团队协同作战的成果。由于时间跨度大、实践性强，加之编纂要求和结构之需，以及我们查阅资料工作的局限性，致使有些内容遗漏，或有些富有特色的事迹没有入书，在此深表歉意！由于我们知识水平和写作能力所限，书中难免有瑕疵和表述不周之处，敬请批评指正。

2020年10月